ro
ro
ro

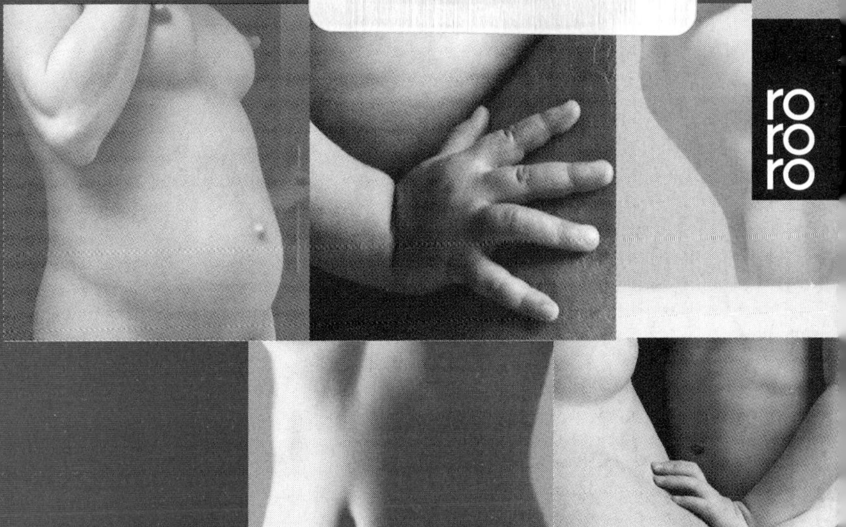

Zu diesem Buch

Aufregend und für beide Seiten ein Genuss, wenn
Eltern mit dem Ungeborenen schmusen. Und ihr Baby
bei Fingerspielen, Klopfzeichen, Rüsselreimen und
sanften Versen kennen lernen. Wenn sie zum ersten
Mal merken, dass das Kleine antwortet, Kontakt aufnimmt, dann wissen sie dank der verständlichen
Informationen, was ihr Kind womöglich empfindet;
dass es schon ganz lange Mutters und Vaters Stimme
hören kann, täglich Turnstunden absolviert, Hautkontakt aufnimmt und vielleicht sogar träumt.
Monat für Monat wird über die Schwangerschaft,
Schritt für Schritt über den «wunderschönen Ausnahmezustand» und die Entwicklung von Embryo und
Fötus berichtet. Über 60 Fingerspiele und kleine Verse
regen zu «Schmusestunden mit dem Ungeborenen»
an.

Heike van Braak, gelernte Sozialarbeiterin und
Journalistin, ist seit Geburt ihrer beiden Kinder freie
Journalistin und Autorin. Bei rororo liegen vor: «So
macht Babys Wasser Spaß» (60968) und (gem. mit Bernhard Schön) «Mein Schwangerschaftskalender» (60979).

Heike van Braak

Erste Signale

Schmusen und Sprechen mit dem Ungeborenen

Rowohlt Taschenbuch Verlag

Herausgegeben von Bernhard Schön und Bernd Gottwald

Redaktion: Bernhard Schön

Fotos: Heidi Klinner-Krautwald, außer S. 88 (Horst Lichte)

rororo Mit Kindern leben
und
die Deutsche Liga
für das Kind

Partnerschaft für Eltern, Kinder und Familie

Originalausgabe **/** Veröffentlicht im Rowohlt Taschenbuch Verlag GmbH, Reinbek bei Hamburg, August 2001 **/** Copyright © 2001 by Rowohlt Taschenbuch Verlag GmbH, Reinbek bei Hamburg **/** Umschlaggestaltung Henning Dencks **/** (Foto: VCL/Bavaria) **/** Layout Ingrid König **/** Alle Rechte vorbehalten **/** Satz Trinité No. 2 und Univers PostScript, QuarkXPress 4.1 **/** Gesamtherstellung Clausen & Bosse, Leck **/** Printed in Germany **/** ISBN 3 499 19734 0

Inhalt

Die zehn Monate der Schwangerschaft   56

Schmusestunden mit dem Ungeborenen 96

Vorwort

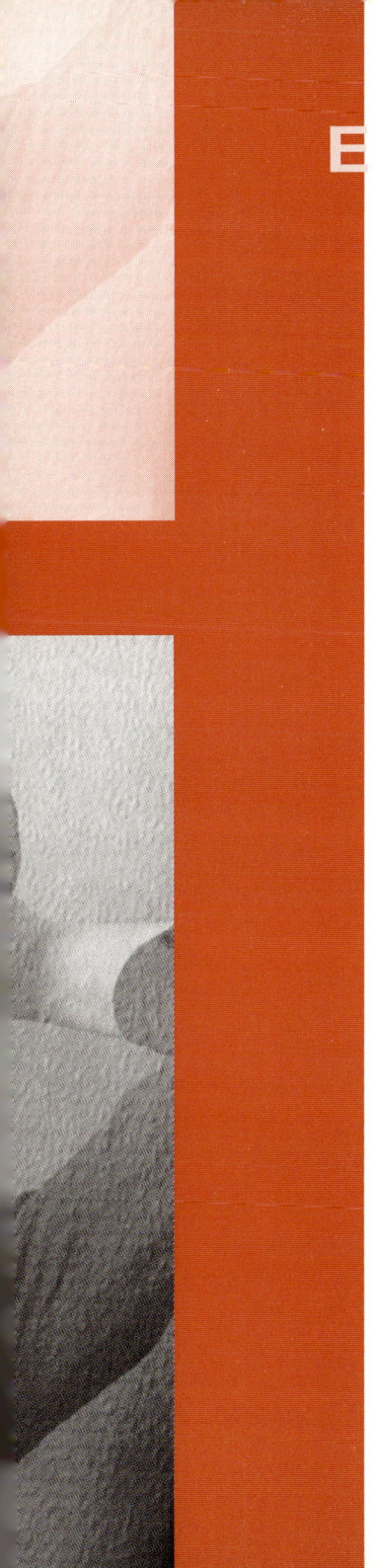

Ein winziger Punkt auf dem Ultraschall-Bildschirm brachte mein ganzes Leben durcheinander. «Sie sind schwanger!», verkündete meine Frauenärztin. Tausend Gedanken schossen mir gleichzeitig durch den Kopf – und nicht alle waren positiv. Was wurde nun aus meinem Beruf, meinem Hobby und was, bitte schön, aus meiner Freiheit, an die ich mich so sehr gewöhnt hatte? War ich der Verantwortung überhaupt gewachsen? Konnte ich dem Kind alles geben, was es so dringend brauchte? Und überhaupt – musste diese Schwangerschaft ausgerechnet zu einem Zeitpunkt mein Leben durcheinander bringen, an dem es mir so gar nicht in den Kram passte? Schließlich war ich gerade befördert worden. Und überhaupt … Fragen über Fragen überwältigten mich, die Freude kam erst Tage später. Wie sollte ich das Glück auch in diesem Moment in der nüchternen Praxis meiner Ärztin begreifen? Mein Körper hatte sich schließlich noch nicht verändert, und noch riefen die Hormone in meinem Seelenleben kein Chaos hervor. Es war doch alles ganz normal, oder nicht? Nein, das war es keineswegs. Ganz im Gegenteil! Dieser kleine pulsierende Punkt auf dem Monitor war der Beginn eines neuen Lebens. Es war ein Herzklopfen – und es bereitete mir Herzklopfen.

Die nächsten Wochen und Monate waren etwas ganz Einmaliges – etwas, das sich genauso nie wiederholen würde. Mein Bauch begann sich zu runden, und meine Psyche schlug Purzelbäume. Absoluter Ausnahmezustand war angesagt!

Da fand ich durch eher beunruhigende Umstände einen besonderen Weg zu meinem Kind: Im ersten Drittel der Schwangerschaft bekam ich Blutungen, und meine Ärztin empfahl mir, mich zu schonen und viel zu liegen. Und diese Ruhe brachte mich meinem Kind schon vor der Geburt näher, als ich es je für möglich gehalten hätte. Ich horchte in meinen Körper hinein und begann, auf die ersten zarten Signale zu warten. Und sie kamen: Die ersten Kindsbewegungen! Sie versetzten mich in eine ungeheure Euphorie. Dabei konnte ich die schwachen Klopfzeichen aus meinem Inneren noch nicht einmal genau beschreiben. Sie waren so zart, als wären Seifenblasen auf meinem Bauch zerplatzt oder als hätte mich eine Daunenfeder im Vorbeifliegen sanft gestreift. Später dann spürte ich in meinem Inneren ein unbändiges Strampeln, und immer öfter zeichnete sich ein Fuß oder eine Faust auf meinem gewölbten Bauch ab. Diese Gefühle waren wesentlich stärker und berührten mich weit mehr als die abstrakten Ultraschallbilder, die ich bei meiner Frauenärztin zu sehen bekam. Diese stillen Momente waren die wirklich großen, die einzigartigen. Sie werden immer unvergesslich bleiben! Denn mit diesen Klopfzeichen wurden leise sehr zarte Bande geknüpft, die vom ersten Tag an für eine kleine Ewigkeit bestimmt waren. Medizinische Errungenschaften konnten mit diesem Gefühl der Verbundenheit nicht mithalten.

Später nahm auch mein Mann an dieser intimen Zwiesprache teil. Mit wachem Gespür und immer empfindsamer werdenden Fingern tastete er sich an unser Kind heran. Er brauchte sehr viel Geduld. Aber ich denke, er wurde dafür reich belohnt. So fühlte er sich zu keinem Zeitpunkt ausgeschlossen, sondern begriff die Schwangerschaft ebenso wie ich als etwas Wunderbares, etwas Einmaliges.

Machen auch Sie sich auf die faszinierende Reise in die Welt des Ungeborenen. Lernen Sie Ihr Kind schon vor der Geburt kennen, und begleiten Sie es den ersten Teil seines Lebensweges. Beschreiten Sie ihn gemeinsam, und erkennen Sie die Möglichkeiten – aber auch die Grenzen der frühen Kommunikation.

Mit diesem Buch möchte ich Ihnen dabei helfen, die zarten Signale zu hören und ein kleines bisschen besser zu verstehen. Und ich möchte Ihnen Anregungen mit auf diesen Weg geben, die Ihnen und Ihrer Familie die ersten Beziehungen zu dem neuen Familienmitglied noch verschönern sollen.

Entwicklung bei

Mutter und Kind

Werdende Mütter haben es gut – zumindest bei den Iatmul, einem Volksstamm aus Neuguinea. Sie werden während der Schwangerschaft von all ihren Pflichten entbunden und dürfen sich einmal richtig verwöhnen und umsorgen lassen. Und auch auf Madagaskar haben Schwangere besondere Privilegien: Ihre Familien halten alles von ihnen fern, was sie unglücklich machen könnte. In fremden Kulturen gibt es allerdings auch Regeln und Tabus, die Europäern eher bizarr erscheinen. Beispielsweise sollen Schwangere in Tibet den Schatten von Pferden meiden. Halten sich die Frauen nicht daran, riskieren sie angeblich, dass ihre Schwangerschaft ebenso lange dauert wie die eines Pferdes: nämlich elf Monate! Die Navaho-Indianer untersagen ihren Frauen sogar strengstens, Wäsche aufzuhängen. Durch dieses Verbot soll ein Knoten in der Nabelschnur vermieden werden. Und in Java glauben die Menschen, dass ein ausgiebiges Plauderstündchen vor dem Haus ein Kind mit einem großen Mund zur Folge hat. Es würde – so die Legende – seiner Mutter das Leben mit andauernder Schreierei schwer machen. Viele dieser ungeschriebenen Gesetze basieren auf der Annahme, dass Mutter und Kind während der Schwangerschaft eine körperliche und seelische Einheit bilden.

Es stimmt tatsächlich: Die Natur hat das Band zwischen Mutter und Kind sehr eng geknüpft. Die beiden Organismen sind bis zur Geburt sehr eng miteinander verbunden. Über die Plazenta gelangen nicht nur Nährstoffe in den Körper des Ungeborenen, sondern auch Genussgifte wie Koffein, Nikotin und Alkohol. Außerdem verändern starke Gefühlsschwankungen wie Angst, Stress oder Freude das Hormongefüge und den Herzschlag der Mutter. Und das überträgt sich auch auf das Baby. So können sich beispielsweise andauernder Stress und schwere psychische Belastungen der Mutter negativ auf die geistige Entwicklung des Kindes auswirken.

Ein Lied, Worte zur Beruhigung und zum Trost: Mutters Stimme beruhigt ein Baby, lange bevor es das Licht der Welt erblickt. Nach der Geburt kann das Baby sie aus Hunderten heraushören. Der Klang ihrer liebevollen Stimme ist, besonders in Form von Gesang, ein wichtiger Motor für die Entwicklung des Kindes. Schließlich kann es bereits ab ungefähr der 24. Woche hören.

Offenbar hört das Ungeborene sogar sehr genau hin: Wissenschaftler haben Ungeborenen mehrmals hintereinander die Silbenfolge «bi-ba» vorgespielt. Als die Forscher dann plötzlich zu «ba-bi» wechselten, reagierten die Babys mit einer deutlichen Veränderung der Herzschlagrate.

Aber es ist weit mehr als nur ein Monolog, den eine Mutter mit ihrem Kind führt. Das Ungeborene antwortet ihr auch. Und es weiß viel mehr, bemerkt mehr und hat ein viel weiteres Bewusstsein, als wir bisher ahnten. Es spürt beispielsweise, wenn warmes Badewasser den Bauch der Mutter umspült. Seine ersten Fähigkeiten erlernt es im Mutterleib. Der amerikanische Pränatal-Psychologe David Chamberlain stellt dazu folgende These auf: «Für mich ist intelligentes Leben vor der Geburt eine Realität. Und zwar vom Beginn der Empfängnis an. Der Geist, mit dem wir es in der frühen Schwangerschaft zu tun haben, ist ein entwickelter Geist, für den der Körper gerade erst im Bau ist.» Ähnlich hört sich auch die Theorie des Frankfurter Gynäkologen Hartmut Görk an. Er meint: «Das seelische Empfinden des ungeborenen Kindes ist nicht im Mutterleib, sondern es umhüllt den mütterlichen Organismus. Die Seele des Kindes ist um die Mutter herum.» Diese Aussage wird von einem Experiment unterstützt, das der Psychologe Anthony DeCaspar an der Universität von North Carolina durchführte. Drei bis vier Minuten nach der Geburt, noch bevor die Neugeborenen ihre Mutter zu Gesicht bekommen hatten, zeigte DeCaspar mehreren Babys große Fotos von Frauen. Die Kinder reagierten alle spontan mit Zuwendung – aber immer nur auf das Portrait der eigenen Mutter. Die anderen Fotos stießen auf kein Interesse, obwohl keines der Neugeborenen seine Mutter je von außen gesehen hatte.

Bereits Monate vor der Geburt nimmt ein Baby lebhaft teil am Leben außerhalb des Mutterleibs. Es empfindet Freude und Leid, Stress und

Entspannung. Es hört Musik und Streit, Lachen und Weinen. Sobald die Hände ausgebildet sind, also schon ab etwa der achten Woche, spielt das Baby fleißig mit ihnen herum. Es beugt und streckt die Finger und ballt die Hand auch mal zur Faust. Ein schlechter Traum äußert sich mit zuckenden Gliedern, die angenehmen Träume werden dagegen von einem sanften Hin- und Herwiegen begleitet. So wurde das erste menschliche Lächeln auch auf dem Gesicht eines träumenden Frühgeborenen beobachtet. Mit dem Daumenlutschen sind sogar die ersten Erektionen verbunden, die bereits ab der 26. Woche beobachtet wurden. Apropos Daumenlutschen: Manche Kinder nuckeln so heftig daran, dass sie mit richtigen Schwielen zur Welt kommen.

Zwillinge spielen sogar miteinander. Sie berühren einander nicht nur mit Beinen, Händen oder Bauch, sondern auch mit Nasen und Lippen – wie bei einem richtigen Kuss. Ganz energisch reagieren Babys schon mal, wenn es laut wird. Schrille Töne mögen sie überhaupt nicht. So erlitten schon mehrmals Schwangere während eines Rockkonzertes Rippenbrüche – und zwar durch das Proteststrampeln ihrer Babys. Übrigens: Wissen Sie, wie Sie Ihr Baby einmal so richtig schön auf die Palme bringen können? Nehmen Sie eine eiskalte Dusche, und schon ist es stinksauer. Denn wenn es etwas nicht leiden kann, dann kaltes Wasser!

Eine bedeutsame Bindung zwischen Mutter und Kind ist die so genannte empathische Kommunikation. Gemeint ist damit die sensible Verbindung zwischen Mutter und Kind, die dem Neugeborenen ohne Worte zu verstehen gibt, ob es willkommen ist oder nicht und welche Gefühle seine Welt beherrschen. Das Baby versteht diese Sprache sehr gut. Es ist genau diese Aufnahmebereitschaft, die Müttern und Vätern eine ganze Fülle von Möglichkeiten eröffnet.

Bis vor etwa 30 Jahren war die Entwicklung im Mutterleib ein Geheimnis, das von allerlei Spekulationen begleitet wurde. Erst die moderne Biomedizin machte es möglich, die Entwicklung des Ungeborenen zumindest teilweise zu enträtseln. Ein Meilenstein dabei war die Erfindung des Ultraschalls in den 60er-Jahren. Damit ließ sich beispielsweise nachweisen, dass das Baby in den letzten Wochen vor der Geburt alle Muskeln, die es schon bald gebrauchen wird, regelmäßig und vor allem systematisch trainiert.

Von diesen Erkenntnissen ermuntert, können Sie Ihrem Kind viel Gutes tun. Suchen Sie einen Weg zum Ungeborenen mit zarten Signalen – wohl wissend, dass dieser Weg auch Grenzen hat. Verstehen Sie die Beschäftigung mit Ihrem Kind als Schmusestunde und nicht als Schulstunde.

Wunderschöner Ausnahmezustand

Angst am Anfang ist normal

Seit der Einführung der Antibabypille haben Frauen und Männer die Möglichkeit, eine Schwangerschaft zu verhüten oder zu planen. Paare können sich in der Regel bewusst für oder gegen ein Kind entscheiden. Doch auch ein klares Ja zum Kind schließt Ängste nicht aus. Dafür sind nicht die Hormone allein verantwortlich. Es ist die veränderte Lebenssituation von heute, die unendlich viele Fragen aufwirft. Viele Frauen fürchten sich vor der Doppelbelastung durch Beruf und Familie und davor, den eigenen Erwartungen oder denen anderer nicht gerecht zu werden. Und sie möchten sich in der Regel nicht auf die traditionelle Rolle als Ehefrau und Mutter reduzieren lassen. Der Drahtseilakt als Mutter, Frau, Geliebte und Berufstätige scheint auch beim näheren Hinsehen als zu großes Wagnis. Und er darf tatsächlich nicht unterschätzt werden!

Karin S., erfolgreiche Werbekauffrau, hat sich erst nach langem Zögern und nach dem Drängen ihres Partners für ein Kind entschieden: «Ich habe Angst davor, dass ich nicht zugleich die aufopfernde Mutter, die fürsorgende Ehefrau, die leidenschaftliche Geliebte und die toughe Werbefrau sein kann. Ich frage mich, wie ich das alles miteinander verbinden soll. Aber ich möchte auch meinen Beruf und damit ein Stück Unabhängigkeit nicht aufgeben. Irgendwie muss es gehen.»

Es geht! Aber jede Frau muss ihren eigenen Weg finden. Leicht ist er nie, doch der Einsatz lohnt sich – wenn Sie sich nur ehrlich klar machen, wohin Sie ganz persönlich wollen. Wer glücklich mit der traditionellen Rolle ist, darf getrost dazu stehen. Haus- und Erziehungsarbeit ist schließlich auch im wahrsten Sinne des Wortes Arbeit. Nicht jede Frau sieht ihre Erfüllung in der Karriere, und die Doppelbelastung darf auf keinen Fall unterschätzt werden. Für welchen Weg Sie sich auch entscheiden, eines sollten Sie nie versuchen: perfekt zu sein!

Niemand kann alle Erwartungen erfüllen – auch Sie nicht!

Mit der Schwangerschaft verändert sich nicht nur der Körper, sondern auch die Seele der Frau. Besonders einschneidend sind diese Veränderungen beim ersten Kind, denn oftmals sucht die werdende Mutter nach einer neuen Identität. Melancholie wechselt sich mit Euphorie ab, und Unausgeglichenheit kennzeichnet die nächsten Wochen. Und die junge Mutter quälen Zweifel – so sehr sie sich das Baby auch gewünscht hat.

Wie wird das Baby meine Partnerschaft verändern?

Bin ich mit einem dicken Bauch überhaupt noch attraktiv?

Wie wird mein Körper nach der Schwangerschaft aussehen?

Ist die Geburt wirklich mit solchen Schmerzen verbunden?

Bin ich eigentlich in der Lage, eine gute Mutter zu werden?

Wie wird das Kind mein Leben verändern?

Kommen wir auch mit Kind finanziell gut über die Runden?

Fragen über Fragen tauchen in dieser bewegenden Zeit auf – aber keine Angst, sie sind alle völlig normal und weder ein Grund zur Sorge noch zur Scham. Reden Sie über Ihre Ängste und Zweifel – mit Ihrem Partner, mit Ihrer Mutter oder Ihrer Freundin. Das hilft! Manche Sorge wird sich dadurch aus dem Weg räumen lassen. Dennoch wird sich nicht jede Erfahrung, die andere gemacht haben, auf Ihre Situation übertragen lassen. Sie werden Ihren eigenen Weg finden müssen. Eine Patentlösung für alle gibt es nicht!

Bei allen Problemen hilft am besten umfassende Information. Je mehr Sie über Schwangerschaft und Geburt wissen, desto sicherer werden Sie sich fühlen.

Gut zu wissen: Geburtsvorbereitung

Eine große Hilfe bei der Vorbereitung auf das neue Leben mit Kind sind Geburtsvorbereitungskurse, die in fast allen Städten angeboten werden. Erkundigen Sie sich bei Ihrem Arzt oder in Ihrer Klinik oder bei einer Hebamme.

Das von Ines Albrecht-Engel herausgegebene Buch «Geburtsvorbereitung. Handbuch für werdende Mütter und Väter» (s. Anhang, S. 125) wird von der «Gesellschaft für Geburtsvorbereitung» empfohlen und informiert Sie über alles Wissenswerte.

Junge oder Mädchen?

Wir Menschen besitzen in jeder Körperzelle 23 Chromosomenpaare. Eines davon besteht aus Geschlechtschromosomen. Bei Frauen besteht es aus zwei gleichen X-Chromosomen, die ihrer Form wegen so bezeichnet werden. Männer besitzen ein ungleiches Paar aus einem X- und einem Y-Chromosom. Britische Forscher wiesen im Jahre 1990 nach, dass nur ein einziges Gen auf dem Y-Chromosom den Ausschlag gibt, ob Hoden ausgebildet werden oder nicht. Fehlt dieses Chromosom und somit der männliche Einfluss, wachsen statt der Hoden die Eierstöcke.

Generell gilt, dass es zu einer weiblichen Ausbildung kommt, wenn der männliche Faktor fehlt. Also liegen in der Anlage der Sexualorgane immer beide Möglichkeiten: Sie können zu weiblichen oder zu männlichen Fortpflanzungsorganen werden.

Die Entscheidung über das Geschlecht fällt schon bei der Befruchtung. Je nachdem, ob ein Spermium mit einem X- oder mit einem Y-Chromosom die Eizelle erreicht, wird daraus ein Mädchen oder ein Junge. Wenn Sie sich bei der Geburt überraschen lassen wollen, sollten Sie ungefähr ab dem 6. Monat nicht mehr so genau auf den Ultraschall-Bildschirm schauen. Denn ab diesem Zeitpunkt ist der kleine Unterschied auch mit ungeübtem Auge zu erkennen. Erfahrene Gynäkologen haben den Dreh schon früher raus: Etwa ab der 16. Woche können sie sehen, ob das Ungeborene ein Junge oder ein Mädchen ist – vorausgesetzt, das Baby befindet sich in einer günstigen Position. Wenn Sie es also wirklich nicht wissen wollen, bitten Sie Ihren Arzt, in diesem Punkt für sich zu behalten, was er sieht!

Ernährung

Das Wachstum des Ungeborenen ist von der Ernährung der Mutter abhängig. Nur wenn sie ausreichend und ausgewogen Nahrung zu sich nimmt, ist auch eine zufrieden stellende Entwicklung ihres Kindes gewährleistet. Darüber hinaus besteht sogar der Verdacht, dass eine unregelmäßige Ernährung der Mutter die Entwicklung desjenigen fötalen Gehirnteils beeinflusst, der für sein zukünftiges Essverhalten verantwortlich ist.

Und der oft gehörte Satz: «Das Ungeborene holt sich schon die erforderlichen Nährstoffe von seiner Mutter», stimmt nicht! Gut entwickelte Neugeborene hatten in der Regel Mütter, die sich gut ernähren konnten und psychisch ausgeglichen lebten. Umgekehrt steigt die Rate fehlgebildeter, untergewichtiger, früh geborener und kranker Säuglinge in Kriegs- und anderen Notzeiten drastisch an.

Wer sich bislang eher unausgewogen ernährt hat, bekommt nun seine Chance! Jetzt ist die Gelegenheit da, den Speiseplan vernünftig umzustellen. Für immer! Denn ob schwanger oder nicht schwanger: Eine abwechslungsreiche Mischkost auf Vollwertbasis mit viel pflanzlichen und wenig tierischen Eiweißen ist in jeder Lebenssituation empfehlenswert.

Gut zu wissen: Süßigkeiten und Gewicht

Schwangere Frauen haben ebenso wie stillende einen erhöhten Bedarf an allen Nährstoffen – insbesondere Eiweiß –, an Vitaminen sowie Mineralstoffen. Sollten sie deshalb für zwei essen? Im Durchschnitt nehmen Schwangere, die eine gesunde, durch keine Diät begrenzte Nahrung zu sich nehmen, etwa 17 bis 18 Kilo zu. Aber auch diese Angabe ist nur ein Näherungswert, von dem Ihr eigenes Gewicht stark abweichen kann! Wichtig ist für Sie jetzt die Qualität Ihres Essens. Dann brauchen Sie sich über Gewichtszunahmen keine Sorgen zu machen.

Und wenn Sie unstillbare Gelüste auf Plätzchen, Schokolade, Cola haben? Die darin enthaltenen «leeren Kalorien» machen allerdings vor allem dick und bauen außerdem noch die wichtigen B-Vitamine ab. Vielleicht signalisiert Ihnen dieser Heißhunger einen Mangel an Magnesium, Kalium, Vitamin B oder auch an liebevoller Zuwendung. Denken Sie darüber nach, in welchen Situationen Sie nach der kleinen Nascherei zwischendurch greifen. Und versuchen Sie dann gesunde Alternativen, die genauso gut schmecken: Obst, Kompott, Trockenobst (auch Rosinen), Quarkspeisen …

Ausführliche Informationen über gesundes Essen erhalten Sie in den Ratgebern von Inge Kelm-Kahl «Essen für zwei. Die richtige Ernährung in der Schwangerschaft» (Reinbek 1996) und von Bettina Salis/Claudia Muir «Was stillende Mütter essen sollen. Die richtige Ernährung für Mutter und Kind» (s. Anhang, S. 125) – beide mit vielen leckeren Rezepten.

Bausteine der Nahrung

Fette sind die Brennstoffe zur Energiegewinnung. Achten Sie darauf, dass Sie die besonders wertvollen mehrfach ungesättigten Fettsäuren zu sich nehmen: Sie sind z. B. enthalten in Seefisch, kaltgepressten Pflanzenölen, Avocados und Nüssen. Mit diesen Fettsäuren stabilisieren Sie Ihr hormonelles Gleichgewicht, und sie werden für den Aufbau neuer Zellen benötigt.

Wichtigster Baustoff für alle Zellen ist Eiweiß. Die darin enthaltenen Aminosäuren müssen zum Teil mit der täglichen Nahrung zugeführt werden. Hochwertiges Eiweiß ist enthalten in: Milch, Quark, körnigem Frischkäse, Eiern, magerem Fleisch, Fisch, Getreide, Hülsenfrüchten, Nüssen, Kartoffeln.

Achtung: Während der Schwangerschaft brauchen Sie etwa doppelt so viel hochwertiges Eiweiß wie zuvor!

Etwa die Hälfte des Energiebedarfs sollte mit Kohlenhydraten gedeckt werden. Vollkornprodukte wie Kartoffeln, Naturreis, Vollkornnudeln, Getreide und besonders Vollkornbrot sowie Obst, Gemüse und Hülsenfrüchte eignen sich für die Ernährung während dieser besonderen Monate im Leben einer Frau.

Während der Schwangerschaft besteht ein hoher Bedarf an Folsäure, denn sie ist unentbehrlich für die Zellteilung. Folsäure ist unter anderem in Hefe, Milch und grünem Salat enthalten. Ebenfalls sehr wichtig ist Jod. Durch einen Mangel kann es beim Ungeborenen zur Kropfbildung kommen, denn Jod ist notwendig für die Bildung der Schilddrüsenhormone. In Seefisch ist reichlich Jod enthalten. Wer ihn nicht mag, sollte deshalb unbedingt seine Speisen mit jodiertem Salz würzen. Aber bitte nicht zu viel Salz, denn das bindet Flüssigkeit im Körper! In der Regel enthält unsere Nahrung kaum ausreichend Jod. Entsprechende Tabletten werden aber von vielen Frauen nicht besonders gut vertragen. Das gilt auch für die im Handel erhältlichen Eisenpräparate. Versuchen Sie lieber, durch den Verzehr von Blattgemüse, Hülsenfrüchten und Vollkornprodukten Ihre Eisenwerte stabil zu halten. Ebenfalls besonders eisenreich ist Fleisch, vor allem Leber. Innereien sollten jedoch maximal einmal in der Woche verzehrt werden, da in ihnen vermehrt Schadstoffe enthalten sein können. Und Fleischverzehr ist neuerdings wieder ins Gerede gekommen: Suchen Sie also Metzger, die Produkte aus artgerechter Haltung anbieten!

TIPP

Trinken Sie zu den Mahlzeiten ein Glas Orangen- oder Grapefruitsaft: Vitamin C verbessert die Verwertung von Eisen!
Ebenfalls dürfen Kalzium, Magnesium und Kalium nicht in der Nahrung fehlen. Diese Mineralstoffe unterstützen den Knochenaufbau.
Als Faustregel gilt: Ein Liter Milch pro Tag gehört auf den Speiseplan einer Schwangeren!
Eine wichtige Bedeutung kommt auch den Vitaminen zu. Besonders wertvoll für die Entwicklung des Babys sind die wasserlöslichen Vitamine der B-Gruppe, die fettlöslichen Vitamine A und D sowie das Vitamin C. Also: Wichtig ist nicht, wie viel Sie essen, sondern was Sie essen!

Diese tückische Erkrankung ist immer noch gerade in westlichen, reichen Ländern weit verbreitet und nach neueren wissenschaftlichen Erkenntnissen vor allem auf Mangelernährung zurückzuführen.
In Deutschland kümmert sich die «Arbeitsgemeinschaft Gestose-Frauen» seit 1984 um betroffene Frauen. Sie hat schon über 10 000 Betroffene beraten und informiert über neueste wissenschaftliche Erkenntnisse und praktische Konsequenzen: Adresse s. Anhang, S. 126.

Kleine Sünden

Als Schwangere werden Sie sich eine Menge gute Ratschläge anhören und etliche davon auch befolgen müssen. Das ist nicht gerade angenehm. Für Sie ist wichtig: Lassen Sie sich kein schlechtes Gewissen einreden! Kleine Sünden schaden weder Ihnen noch Ihrem Kind. Vergessen Sie einfach für paar Monate das Kalorienzählen. Das verdirbt Ihnen nur den Genuss! Wenn Sie sich vollwertig ernähren, fallen ein Stück Schokolade oder das Eis mit Schlagsahne ohnehin nicht ins Gewicht. Auch gegen ein Glas Wein oder ein Glas Sekt zu besonderen Anlässen ist absolut nichts einzuwenden! Als Faustregel gilt: Was Sie genießen, ist auch gut für Ihr Kind! Was Sie aber in sich hineinstopfen, um Nöte zu betäuben, ist bedenklich. Dann sollten Sie sich lieber an andere Menschen als an Ihren Kühlschrank wenden!

Allerdings: Vor allem Konsumgifte wie Nikotin und Alkohol beeinflussen das Wachstum des ungeborenen Kindes. Schon die alten Römer und Griechen wussten, dass Frauen, die viel Alkohol trinken, häufiger kranke oder missgebildete Kinder gebären. Die Ursache dafür fanden Wissenschaftler allerdings erst viel später heraus. So ergaben neuere Untersuchungen, dass Alkohol die Sauerstoffversorgung des Ungeborenen behindert. Als Grund dafür wird die gesteigerte

Prostaglandinproduktion im Gehirn angenommen. Und Alkohol gelangt nun mal ungehindert durch die Plazenta zu Ihrem Baby. Besonders gefährlich ist ein übermäßiger Konsum in den ersten Schwangerschaftswochen, da sich in dieser Zeit die Organe des Kindes entwickeln. Ebenfalls sehr kritisch wird es, wenn die werdende Mutter zwischen der 24. und der 36. Woche reichlich Alkohol zu sich nimmt. Denn in diesem Zeitraum entwickelt sich das Gehirn.

Gut zu wissen: Alkoholmissbrauch

Studien des U. S. National Institute of Alcohol Abuse and Alcoholism (Institut zur Untersuchung von Alkoholmissbrauch und Alkoholismus) ergaben, dass bereits drei oder vier Gläser Bier am Tag beim Kind eine oder mehrere Fehlentwicklungen zur Folge haben können. Und je mehr eine Schwangere trinkt, desto größer ist das Risiko einer geistigen Behinderung. Es können auch Herzgeräusche und Gesichtsmissbildungen auftreten.

Besondere Vorsicht ist bei der Einnahme von Medikamenten geboten! Sie sollten nur unter ärztlicher Anleitung eingenommen werden, da das Ungeborene sehr empfindlich auf mögliche toxische Wirkungen reagiert. Vor allem in den ersten Schwangerschaftsmonaten sollte auf Arzneien möglichst ganz verzichtet werden. Dies gilt auch für rezeptfreie Mittel wie zum Beispiel Kopfschmerztabletten. Denn oftmals wird vergessen, dass auch bei diesen Medikamenten unerfreuliche Nebenwirkungen auftreten können und dass ihre Wirkung in der Regel bei Schwangeren wesentlich länger anhält als bei nicht schwangeren Frauen. Folglich ist auch das Ungeborene den Wirkstoffen lange Zeit ausgesetzt.

Der völlige Verzicht gilt auch für Nikotin! Denn Rauchen erhöht das Risiko einer Fehl- oder Frühgeburt erheblich. Nach Auskunft des Krebsforschungszentrums in Heidelberg kann diese Gefahr um die Hälfte reduziert werden, wenn Frauen während der Schwangerschaft aufhören zu rauchen. Denn durch Nikotin wird der Sauerstoffgehalt im Blut von Mutter und Kind stark herabgesetzt. Und wenn das Baby nicht ausreichend mit Sauerstoff versorgt wird, kann es auch nicht richtig wachsen.

Hinzu kommt, dass die Leber des Babys noch nicht die Arbeit eines ausgereiften Entgiftungsorgans leisten kann. Deshalb ist der Nikotingehalt im

Körper des Kindes mitunter höher als in dem der Mutter. Bereits eine einzige Zigarette kann die Herzfrequenz des Ungeborenen um bis zu 15 Schläge pro Minute erhöhen. Dies wiederum führt zu einem angestiegenen Blutdruck.

Übrigens deuten Untersuchungen darauf hin, dass Nikotin sogar männliches Sperma verändert. Dies wirft die berechtigte Frage auf, ob sogar schon vor der Zeugung der Nikotingenuss des Vaters die Entwicklung des Ungeborenen negativ beeinflussen kann.

Es ist also kaum verwunderlich, dass Raucherinnen in der Regel kleinere und schwächere Kinder zur Welt bringen. Und über solche körperlichen Symptome hinaus werden überdurchschnittlich häufig Lernschwierigkeiten und Konzentrationsschwächen beobachtet, die sich schon zu Beginn des Schulalters zeigen und bis in die Pubertät anhalten können. Verzichten Sie Ihrem Baby zuliebe!

Doch nicht nur Sie, auch Ihre Umgebung trägt Verantwortung. Sogar Passivrauchen kann das Erbmaterial des Ungeborenen verändern. Das ergab eine Studie amerikanischer Wissenschaftler, die das Krebsforschungszentrum in Heidelberg Anfang 1999 vorstellte. Im Rahmen dieser Untersuchung wurde ein bestimmtes Gen bei 24 Neugeborenen von Nichtraucherinnen untersucht. Zwölf davon waren zu Hause oder am Arbeitsplatz Rauch ausgesetzt. Ihre Neugeborenen wiesen charakteristische Genveränderungen auf. Eine davon steht sogar unter Verdacht, den Ausbruch von Leukämie und Lymphdrüsenkrebs zu fördern.

Zu den Genussgiften gehört auch Koffein. Hier gilt allerdings: Genuss in Maßen schadet wahrscheinlich weder Ihnen noch Ihrem Kind. In Maßen heißt in diesem Fall: nicht mehr als zwei bis vier Tassen Kaffee – wohlgemerkt Tassen und keine großen Becher! Diese Menge sollte reduziert werden, wenn zusätzlich Cola konsumiert wird. Denken Sie daran: Koffein ist auch in Tee (das verwandte Tein, das allerdings von vielen besser vertragen wird) und in Cola – ganz abgesehen von den vielen, darin enthaltenen «leeren Kalorien». Und: Diese Getränke löschen keinen Durst.

Trinken sollten Sie nämlich reichlich, um die Schlackenstoffe aus dem Blut auszuscheiden. Ideal sind natriumarmes Wasser, Früchte- oder Kräutertee sowie verdünnte Säfte. Eher ungeeignet ist der Genuss von schwarzem Tee, besonders zu den Mahlzeiten. Denn dieser Tee erschwert die Aufnahme von Eisen, das während der Schwangerschaft ohnehin schon Mangelware ist.

Hormone:
Wechselspiele

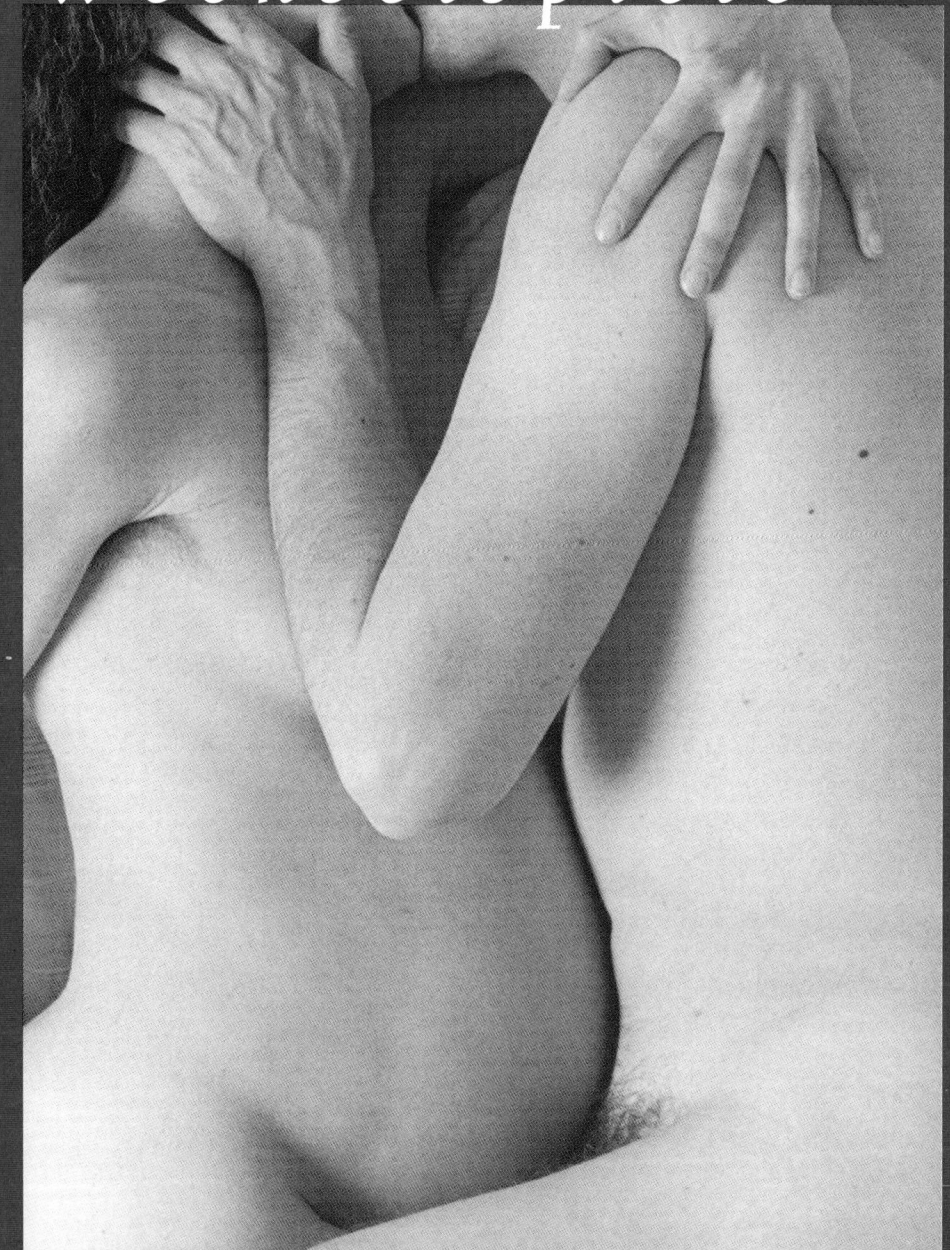

Eine wichtige Aufgabe der Plazenta ist die Erzeugung von Schwangerschaftshormonen. Dabei spielen Östrogen und Progesteron eine wichtige Rolle, denn sie entscheiden mit über den Erhalt der Schwangerschaft sowie über den Geburtsvorgang. So sorgen Östrogene beispielsweise für eine verstärkte Durchblutung der Gebärmutter in dieser Zeit

Hormone bringen aber auch buchstäblich Ihr Seelenleben und das Ihres Babys durcheinander. Im Blut einer Schwangeren sind sowohl Östrogen als auch Progesteron enthalten. In welcher Menge, hängt ganz entscheidend von dem Zusammenspiel verschiedener Signale ab, die vom zentralen und autonomen Nervensystem ausgesendet werden. Diese Signale und damit auch der Hormonspiegel werden von den Gedanken, Gefühlen, Worten oder Handlungen der Mutter beeinflusst. Wissenschaftler vermuten heute, dass es zu einem Ungleichgewicht im Nervensystem und im Gehirn des Ungeborenen kommt, wenn es mit diesen Hormonen überflutet wird.

Kinder, deren Mütter mit einer Kombination von Östrogen und Progesteron behandelt wurden, wiesen deutlich mehr weibliche Züge auf als die Kinder, deren Mütter nur Östrogen verabreicht bekamen. Diese Ergebnisse sprechen dafür, dass Hormone bei der Persönlichkeitsprägung des Ungeborenen eine wichtige Rolle spielen.

Im Verlauf dieser Untersuchung wurden die Hormone von außen zugeführt, während in der Regel ausschließlich die Mutter sie produziert. Und diese Hormonproduktion verändert sich ständig: Bekommt ein Mensch plötzlich Angst, empfängt das autonome Nervensystem Signale. Sie kommen vom Hypothalamus, der sich direkt unter der Großhirnrinde befindet, und geben den Befehl zum Beschleunigen des Herzschlags, zur Erhöhung des Blutdrucks sowie zur Erweiterung der Pupillen. Außerdem werden die Handinnenflächen innerhalb von einem Bruchteil einer Sekunde feucht. Gleichzeitig erhält das Drüsensystem den Auftrag, die Hormonproduktion anzukurbeln. Wenn Neurohormone den Kreislauf der Schwangeren überfluten, bekommt das auch das Ungeborene zu spüren, denn sein Hormonspiegel verändert sich ebenfalls! Ein ähnlicher Prozess wird auch bei allen anderen Gefühlen ausgelöst, die intensiv genug sind und lange genug andauern.

Wissenschaftler gehen heute davon aus, dass ein im Uterus ständig mit Angst konfrontiertes Kind dazu neigt, später selbst sehr ängstlich zu werden. Es werden sozusagen emotionale Schaltstellen des Ungeborenen verändert. Besonders anfällig für solche Veränderungen ist nach neueren Untersuchungen der Hypothalamus, der quasi der Gefühlsregler des menschlichen Körpers ist.

Eine dieser Studien der Columbia University befasst sich mit den Auswirkungen von Hunger während der Schwangerschaft. Untersucht wurde die Krankengeschichte von Holländerinnen und ihren Söhnen, die einer Hungersnot ausgesetzt waren. Bei auffällig vielen dieser Menschen tauchten später Übergewichtsprobleme auf. Das Ausmaß war abhängig davon, in welchem Entwicklungsstadium der Schwangerschaft die Ungeborenen von der Hungersnot betroffen waren. Danach scheinen die schlimmsten Folgen aufzutreten, wenn die Entbehrungen in den ersten vier bis fünf Schwangerschaftsmonaten in Kauf genommen werden müssen. Die Wissenschaftler schlossen daraus, dass eine Unterernährung in diesem Stadium den Aufbau des Regelkreises für die Nahrungsaufnahme im Hypothalamus angreift.

Eine finnische Studie beschäftigt sich hingegen mit dem Einfluss von Stress auf die Entwicklung des Hypothalamus. Untersucht wurden Personen, die ihren Vater entweder kurz nach der Geburt oder aber noch im Mutterleib verloren hatten. Die Wissenschaftler wollten wissen, wann sich die psychische Belastung der Frau durch den Verlust des Partners gravierender auf das Kind ausgewirkt hatte. Die Lebensgeschichte der untersuchten Personen zeigte weit mehr seelische Störungen bei den Menschen, deren Vater bereits vor der Geburt gestorben war, als bei denen, die ihn nach der Geburt verloren hatten. Daraus schlossen die Forscher, dass eine biologische Fehlfunktion vorliegen musste. Offensichtlich war es bei den Versuchspersonen zu einer Beeinflussung des Gefühlszentrums, also des Hypothalamus, gekommen. Die Studie beweist ein weiteres Mal, dass eine mütterliche Überproduktion von Neurohormonen beim Kind ein überempfindliches Nervensystem verursachen kann.

Beide Untersuchungen basierten übrigens auf extremen Situationen. Normaler Stress, kleinere Persönlichkeitskrisen oder sporadisch auftretende Ängste lösen diese psychischen Störungen des Kindes sicherlich nicht aus.

Gut zu wissen: Das Hormon Oxytocin

Die Hormone bewirken aber auch eine Veränderung im Verhalten der Mutter: So sind sie in hohem Maße verantwortlich für die Gefühle der Frau nach der Geburt. Ihre überschwappende Zärtlichkeit wird auch biologisch gesteuert. Eine Einrichtung der Natur, die lebenswichtig ist! Außerdem sorgt das Hormon Oxytocin für das Vergessen von Schmerz während der Geburt. Gebärende Tiere können durch einen Ausstoß von Oxytocin sogar eine Amnesie hervorrufen. Wissenschaftlich erwiesen ist, dass ein Kind während der Geburt mit diesem Hormon versorgt wird. Das kann mit ein Grund dafür sein, dass sich viele Menschen an die eigene Entbindung nicht erinnern können.

Oxytocin hat aber auch einen Gegenspieler: Das Adrenocorticotropin-Hormon (ACTH) ist in der Lage, Erinnerungen an die Geburt wieder hervorzurufen. Denn nach neusten Untersuchungen trägt dieses Hormon dazu bei, etwas im Gedächtnis zu halten. Der Körper einer bedrückten, ängstlichen oder stark angespannten Frau wird mit Stresshormonen überflutet – auch während der Entbindung. Diese Stresshormone dringen bis zum Baby vor. Da aber ACTH den Fluss der Stresshormone reguliert, gibt es Menschen, die sich recht gut an die eigene Geburt erinnern können.

Ein Vokabular der Gefühle

Wie ist es überhaupt möglich, dass Ihr Baby Ihre Gefühle so genau kennt? Kann es vor der Geburt Gedanken lesen? Nicht ganz, aber fast: Das Ungeborene ist ein Teil von Ihnen. Und die Natur hat es so eingerichtet, dass Gefühle wie Liebe, Angst oder Stress das Kind fast unmittelbar erreichen. Denn bei diesen Empfindungen schüttet Ihr Körper bestimmte Hormone aus, die bis zu Ihrem Kind vordringen. Schließlich haben Sie und Ihr Baby zwar ein getrenntes vegetatives Nervensystem und ein völlig eigenständiges Gehirn, aber über die Plazenta erreichen fast alle Bestandteile Ihres Blutes auch den Organismus des Kindes. In dem Moment, in dem Ihr Gehirn einen Gedanken oder einen Reiz von außen in ein Gefühl umwandelt, werden dem vegetativen Nervensystem entsprechende Signale zugesandt. Sie bewirken beispielsweise bei Angst einen beschleunigten Herzschlag, eine Erweiterung der Pupillen sowie eine Erhöhung des Blutdrucks. Außerdem werden vermehrt so genannte Neurohormone ausgeschüttet. Diese Hormone verändern die biochemischen Vorgänge in Ihrem Körper und in dem Ihres Kindes. Kommen solche Zustände sehr häufig vor oder halten länger an, kann als Folge ein Ungleichgewicht im Nervensystem Ihres Kindes auftreten. Das kann unter Umständen Auswirkungen auf die Persönlichkeit des Kindes haben.

Das Kind lernt zwar nach dem ersten verärgerten Strampeln, mit dieser Angst umzugehen, aber auf Dauer macht Angst eben auch Angst! Handelt es sich um einen anhaltenden Gefühlszustand der Mutter, ist nicht auszuschließen, dass diese Ängste das Kind auch noch nach der Geburt plagen. Denn positive und negative Erinnerungen an die vorgeburtliche Zeit trägt jeder Mensch in sich.

Für die Mutter ist sicher am deutlichsten spürbar, wenn Ihr Baby zornig wird – beispielsweise bei lauten Geräuschen. Dann strampelt es heftig, bis die Mutter die Quelle des Ärgers abgestellt hat.

Auch Stress kann sich mitunter negativ auf das Ungeborene auswirken, vor allem während der ersten Schwangerschaftsmonate. Natürlich erlebt Ihr Kleines auch alle glücklichen Momente, Ihre Zufriedenheit und Ihr Wohlfühlen mit.

Machen Sie sich also nicht verrückt! Noch dazu erlebt jede Frau Stress anders. Was für die eine riesige Belastung darstellt, meistert die andere locker und fast nebenbei. Sie empfindet diesen Stress mitunter sogar als eher positiv. Wichtig ist, dass Sie Ihren Ärger und Ihre Belastungen in Worte fassen! Dann werden Sie am ehesten erkennen, wie Sie ihn reduzieren können. Unter diesem Verhalten leidet Ihr Kind nicht – im Gegenteil: Es lernt ein Verhaltensmuster, das es später noch gut gebrauchen kann.

Sex während der Schwangerschaft

In der Schwangerschaft erleben viele Paare ihre Sexualität auf ganz neue Weise sinnlich und berauschend. Diese neue Empfindsamkeit hat psychische, aber auch physiologische Ursachen. Immerhin atmen viele Männer und Frauen in dieser Zeit befreit auf, denn endlich brauchen sie nicht mehr zu verhüten. Wieder andere sind froh, nicht mehr exakt nach dem Kalender Liebe machen zu müssen. Und das alles, um nur ja kein oder unbedingt ein Kind zu zeugen. Kurz: Vor der Schwangerschaft ist oftmals Stress statt Sinnlichkeit angesagt. Lust und Leidenschaft kommen zu kurz.

Werdende Mütter können ihre Sexualität in der Regel aus zwei Gründen besonders genießen: Zum einen sind sie seelisch in einem besonders liebevollen, offenen Zustand. Zum anderen sind aber auch ihre Geschlechtsorgane wesentlich stärker durchblutet als zuvor. Das wirkt sich natürlich positiv auf ihre Empfindungen aus. Wenn sie gemeinsam mit ihrem Partner die Schwangerschaft erlebt, braucht sie meistens auch keine Angst zu haben, dass er ihren veränderten Körper nun weniger erotisch findet. Oft ist sogar das Gegenteil der Fall: Vielleicht gehören Sie auch zu den Glücklichen, deren Partner diese neuen Rundungen, den dicken Bauch, die ausladenden Hüften und die großen Brüste lieben und ihre Partnerin oft so sexy wie noch nie finden.

Die erotische Ausstrahlung verlieren Frauen auch in der zweiten Hälfte der Schwangerschaft nicht. Die Paare müssen dann allerdings einiges an Einfallsreichtum entwickeln, denn jetzt ist der dicke Bauch schon mal im Weg. Viele Frauen empfinden es auch als unbequem, auf dem Rücken zu liegen. Doch gerade weil die eingetretenen Pfade verlassen und neue Stellungen ausprobiert werden, kommt oftmals frischer Wind in die Sexualität. Viele Paare fühlen sich gerade während der Schwangerschaft besonders nahe, entdecken den eigenen Körper und den des Partners neu und lernen den vielleicht zärtlichsten Weg der Lust kennen.

Allerdings können nicht alle Paare eine neu aufblühende Sexualität genießen. Frauen, die sich ständig müde und ausgelaugt fühlen, mögen nicht einmal mehr an Sex denken. Wer während der Schwangerschaft häufig Rückenschmerzen hat oder – vor allem in den ersten Monaten – ständig unter Übelkeit leidet, wird wenig Lust auf die Lust verspüren. Andere sind viel zu sehr mit den Veränderungen ihres Körpers oder mit ihren unberechenbaren Stimmungsschwankungen beschäftigt, um sich der Lust hingeben zu können. Hier hilft nur eines: Offenheit. Reden Sie mit Ihrem Partner, und beziehen Sie ihn nach Möglichkeit in Ihre Empfindungen ein. In der Regel hilft Zärtlichkeit Ihnen und Ihrem Partner, mit der neuen Situation besser umzugehen. Er fühlt sich erst gar nicht zurückgestoßen, und Sie umgibt eine behagliche Geborgenheit! Auf jeden Fall ist es einen Versuch wert …

Auch manche Männer kommen mit der veränderten Situation nicht zurecht. Dem werdenden Vater fällt es dann schwer, in der Partnerin zugleich Geliebte und Mutter zu sehen. Und manchmal sind es auch die üppigen Formen, die den Partner abstoßen. Oder er ist neidisch auf die Produktivität seiner Frau und fühlt sich vielleicht ausgeschlossen von einer Entwicklung, an deren Entstehung er doch intensiv beteiligt war.

Gut zu wissen: Keine Gefahr durch Sex

Nicht selten überfällt Männer Angst, das Baby zu verletzen oder vielleicht sogar eine Früh- oder Fehlgeburt durch die Bewegungen beim Geschlechtsverkehr auszulösen. In der Regel sind diese Befürchtungen allerdings unbegründet. Eher das Gegenteil ist der Fall: Die Kontraktionen beim Orgasmus lockern und trainieren die Gebärmuttermuskulatur. Außerdem hat die stärkere Durchblutung sowie das tiefere Atmen positive Auswirkungen auf die Sauerstoffversorgung der Gebärmutter und somit auch auf das Kind. Das ist im «Wasserbett» wunderbar aufgehoben. Das Fruchtwasser fängt Püffe besser auf als jeder Airbag. Sie brauchen auch keine Infektion zu fürchten. Keime können nicht in die Gebärmutter vordringen – dafür sorgt der Schleimpfropf, der den Muttermund bis kurz vor der Geburt verschließt. Und rückt der Geburtstermin näher oder wird schon ungeduldig erwartet, unterstützt ein lustvolles Zusammensein sogar die Einleitung der Geburt. Die im Samen enthaltenen Prostaglandine können nämlich Wehen auslösen!

Von Geschlechtsverkehr ist nur dann abzuraten, wenn es bei Ihnen schon zu Blutungen gekommen ist. Dann sollte sofort ein Arzt aufgesucht werden, um die Ursache abzuklären. Zwar sind diese Blutungen meist völlig harmlos, sie können jedoch auch ein Anzeichen für einen falschen Sitz der Plazenta sein. Blutungen deuten manchmal auch auf eine drohende Fehlgeburt hin. Frauen, die bereits ein Kind verloren haben, sollten darum in den ersten vier Monaten der Schwangerschaft auf Geschlechtsverkehr verzichten. Auch wenn's schwer fällt!
Wichtig ist, dass beide Partner akzeptieren, wenn der andere mal keine Lust auf Sex hat. Dauert dieser Zustand jedoch länger an, ist es ratsam, offen miteinander zu reden. Sprechen Sie von Ihren Gefühlen und was Ihnen zurzeit gefällt und was Sie nicht so gerne mögen. Da Sie vorher abgesprochen haben, dass Ihr Partner Ihnen zunächst zuhört, wird es Ihnen jetzt umgekehrt nicht schwer fallen, auch ihn und seine Vorstellungen und Sehnsüchte anzuhören.

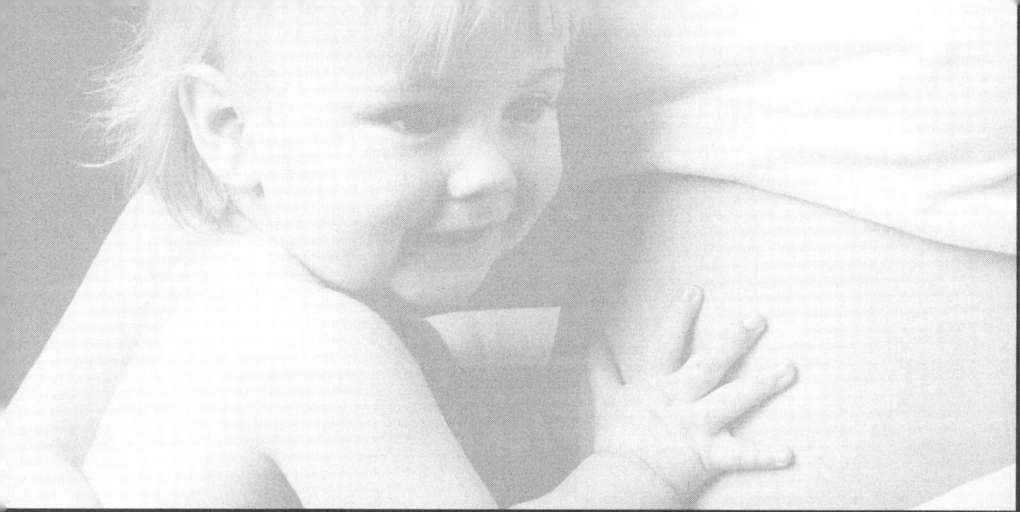

Die Ohren –
Fenster zur Seele

Alles im Gleichgewicht

Bereits in der siebten bzw. achten Woche weiß das Ungeborene in Ihrem Bauch genau, wie es liegt und wie es seine Position verändern kann. Denn bereits in diesem frühen Stadium der Schwangerschaft ist das Gleichgewichtsorgan voll entwickelt. Es sitzt zusammen mit der Schnecke, dem eigentlichen Hörorgan, im Innenohr. Dieses Organ besteht aus kleinen, von Flüssigkeit umgebenen Haarzellen, die selbst kleinste Schwingungen noch an das Gehirn übertragen können. So unbedeutend sich dies zunächst anhören mag, so entscheidend ist es für die Entwicklung des Babys. Denn es kann die eigenen Bewegungen und auch den eigenen Herzschlag wahrnehmen. Vielleicht, so spekulieren Wissenschaftler, sind das die Grundlagen dafür, dass das Ungeborene sich selbst erkennt und womöglich sogar damit beginnen kann, sein eigenes Ich zu bilden.

Dabei vollbringt das Gleichgewichtsorgan eine erstaunliche Leistung: Es entsteht noch rascher als die Schnecke – und das hat einen guten Grund. Denn nur so kann das Baby die Richtung, aus der die Töne kommen, einordnen. Und nur auf diese Weise kann es sich in seiner kleinen Welt orientieren.

Die Wahrnehmung seiner Außenwelt veranlasst das Baby im Laufe der Schwangerschaft mehr und mehr zu eigenen Bewegungen: Es strampelt mit den Beinen, wenn es ihm zu laut wird, und rudert mit den Armen, wenn seine Mutter sich bewegt. Es hat dabei die Kontrolle über jeden einzelnen Muskel und bestimmt ganz genau die eigene Körperhaltung.

Gut zu wissen: Energie aus dem Ohr

Das Ohr ist weit mehr als nur ein Hörorgan. Es ist das Tor zur Sprache und damit zur menschlichen Kommunikation. Außerdem ist der Gleichgewichtssinn innerhalb dieses Organs angesiedelt. Und das Ohr nimmt auch noch in zwei anderen Punkten eine Sonderstellung ein: Es hat bereits im fünften Schwangerschaftsmonat seine endgültige Größe erreicht, und es ist mit mehr Nervenbahnen verbunden als jedes andere menschliche Organ. Darüber hinaus fungiert das Ohr noch als Kraftspender. Es liefert dem Gehirn ebenso wie das Gleichgewichtsorgan Energie für die Leistungen des Nervensystems. So stammen 90 Prozent der vom Gehirn benötigten Energie ausschließlich vom Ohr – erzeugt durch den Empfang hoher Frequenzen! Und weil das Ohr eine solche Sonderstellung einnimmt, genießt es auch einen besonderen Schutz: Es ist umgeben vom Felsenbein, dem stabilsten Knochen des gesamten Körpers.

Der Nutzen der hohen Töne für die Gewinnung der vom Gehirn benötigten Energie ist übrigens nach Ansicht vieler Wissenschaftler ein Grund dafür, warum die meisten Menschen mit Neugeborenen instinktiv mit einer wesentlich höheren Stimme sprechen. Der Verhaltensforscher Papousek bezeichnet diesen Tonfall als «Ammensprache». Es sei – so Papousek – eine Art Locken, das die Kinder im Gegensatz zu tiefen Tönen geistig anregt. Dies gilt übrigens auch für alle Lieder, die viele «iii» und «ei» enthalten. Sie klingen hell und gefallen den Kleinen ganz besonders gut.

Am Anfang war das Ohr

Die Entwicklung des Ohrs beginnt bereits irgendwann zwischen dem 15. und dem 18. Tag nach der Befruchtung der Eizelle. Zunächst bilden sich die Ohrgrübchen aus. Denn die Haut an beiden Seiten des Kopfes wölbt sich so weit nach innen, dass das Innenohr darin leicht Platz findet. Knapp zehn Tage später schließen sich diese Grübchen, ein Hornbläschen entsteht und schafft Raum für Hör- und Gleichgewichtsorgan.

Das eigentliche Sinnesorgan entwickelt sich in der so genannten Schnecke. Dies geschieht etwa in der zehnten Woche. Dann bildet sich das Mittelohr aus, das das Ohr außen durch das Trommelfell abschließt und die drei Gehörknöchelchen Steigbügel, Amboss und Hammer umfasst. Der äußere Gehörgang, also das Außenohr, dehnt sich immer weiter aus und bildet die Ohrmuschel.

Doch auch wenn das Ohr strukturell ausgereift erscheint, erstreckt sich seine Vervollkommnung über die gesamte Schwangerschaft. Viele wichtige Verbindungen zum Gehirn entstehen erst während der letzten Schwangerschaftsmonate. Das ergaben Aufzeichnungen der Gehirnströme von Ungeborenen.

Doch Hören scheint schon sehr früh spannend zu sein! Das Baby spitzt immer öfter seine Ohren und horcht auf das, was um es herum geschieht. Schließlich spürt das Baby bereits minimale Schwingungen im Zellbereich und hört Töne mit sehr hohen Frequenzen. Dabei verknüpft es all die Geräusche zu erkennbaren Klangteppichen und speichert sie auch. Ab etwa der 30. Woche reagiert es auf Geräusche von außen. Das ergaben zahlreiche Ultraschalluntersuchungen sowie unterschiedliche Experimente an Tieren.

Im Laufe der Zeit entwickelt sich das Ungeborene zum Meister im Erkennen von Frequenzen und Geräuschmustern, die es im Uterus hört. Anhand dieser Geräuschmuster identifiziert es schließlich auch die Mutter direkt nach der Geburt. Untersuchungen haben gezeigt, dass Neugeborene ihre Saugmuster ändern, wenn sie dadurch erreichen, dass die Stimme der Mutter aus einem Kassettenrecorder erklingt. Noch heftiger reagierten sie, wenn die Stimmen so verzerrt wurden, wie sie ursprünglich in der Gebärmutter ankamen.

Also: Mit dem Hören beginnt die Kommunikation!

Klangwelt Mutterleib

Während die Schulmedizin davon ausgeht, dass das Baby durch die Bauchdecke der Mutter hört, kam der französische Wissenschaftler Alfred Tomatis bereits 1955 zu dem Schluss, dass die Übertragung von Tönen auf Knochenvibrationen zurückzuführen ist, die bis zum Ohr des Ungeborenen vordringt und auch dort in Knochenvibrationen umgesetzt wird. Der bis dahin herrschenden Lehrermeinung setzte Tomatis entgegen: «Der Unterleib und der Uterus sind physikalisch gesehen eine akustische Barriere. 110 dB sind nötig, um sie zu durchdringen, so etwa dröhnt ein voll aufgedrehter Lautsprecher. Bei 120 dB liegt schon die Schmerzgrenze. Es wäre also nötig zu schreien, damit das Baby etwas hört. Ganz davon abgesehen, dass die ankommenden

Schwingungen von den Organen und Eingeweiden im Bauch erstickt würden.»

Tomatis glaubt auch, dass das Baby die Stimme seiner Mutter von innen hört. Er begründet dies damit, dass die Schwingungen, die beim Sprechen im Kehlkopf der Mutter entstehen, die Wirbelsäule entlang bis zum Becken laufen. Das Becken fungiert dann als eine Art Resonanzkörper, der die hohen Töne noch verstärkt und direkt über das Fruchtwasser ins Innenohr des Kindes leitet. Optimal – so Alfred Tomatis – dringe der Ton vor, wenn die Haltung der Mutter aufrecht sei. Nur dann sei die Wirbelsäule gut aufgerichtet und gespannt wie eine schwingende Saite.

Übrigens hört das Ungeborene die Stimme seiner Mutter ziemlich verzerrt. Sie ähnelt eher einem Wispern, da überwiegend die hohen Töne zum Ohr des Kindes vordringen. Ein Grund dafür ist, dass das Fruchtwasser alle tieferen Klänge verschluckt. Überhaupt klammert das Baby alle tiefen Frequenzen unter 2000 Hertz aus. Immerhin wird es Tag und Nacht von einer gewaltigen Geräuschkulisse überflutet. Es muss Magenknurren, Herzschlag und Darmbewegungen über sich ergehen lassen – ohne einen Knopf zum Abschalten zu haben.

Wer könnte diese Dauerberieselung ohne Schutzmechanismus aushalten? Alfred Tomatis: «Das Charakteristikum des Ohres ist nicht, alles zu hören, sondern zu wissen, was es hören muss.»

Übrigens kann das Kind auch Geräusche der Außenwelt über den Körper der Mutter vermittelt wahrnehmen. Denn – so Tomatis – die Töne erreichen über die Haut die Knochen der Mutter, gelangen als Vibration zum Becken und von dort über das Fruchtwasser auf dem gewohnten Weg ins Innenohr des Babys. Gedämpft, aber immerhin.

Tomatis' Theorie erklärt übrigens auch, warum wir unsere eigene Stimme, wenn sie von einem Tonband abgespielt wird, als fremd wahrnehmen. Denn wenn wir sprechen, hören wir uns auch über die Knochenleitung. Unsere Stimme gelangt über die Knochen vom Kehlkopf direkt ins Innenohr. Kommen die Töne jedoch vom Band, dringen sie von außen ins Ohr.

Bis ungefähr zehn Tage nach der Geburt hört ein Baby ausschließlich über diese Knochenleitung. Bis zu diesem Zeitpunkt befindet sich noch Fruchtwasser im Mittelohr, und das Kind hört alle Stimmen und Geräusche so gedämpft wie im Mutterleib. Erst wenn sich das Mittelohr entleert hat, nimmt das Kind die Töne direkt von außen wahr. Eine Flut von neuen, tiefen Geräuschen stürmt nun auf das Baby ein. Kein Wunder, dass viele Säuglinge verschreckt auf die plötzlich auf sie eindringenden Männerstimmen reagieren!

Musik – ein Willkommensgruß für das Baby

Richtig munter wird das Baby bei Musik. Es führt schon im Mutterleib seinen eigenen kleinen Tanz auf, wenn ihm ein Lied gefällt. Die Ursache hierfür ist die Einheit aus Hör- und Gleichgewichtsorgan. Auf diese Weise verschmelzen Töne, Bewegungen und Gefühle ineinander.

Ein Klangteppich, gewebt aus Musik, heißt das Ungeborene willkommen in einer Welt, zu der es vorläufig nur indirekt Zugang hat. Aufmerksam lauscht das Baby in seiner paradiesischen Badewanne jeder Melodie, und es wird sich auch nach der Geburt noch an sie erinnern. Die Töne beruhigen und regen zugleich an. Was genau die Musik im Einzelnen bewirkt, ist allerdings noch immer unklar. Aber betrachtet man die Menschen, die sich laut einer Umfrage besonders kreativ für ihre Umwelt eingesetzt haben, zeigt sich Erstaunliches. Einstein und Oppenheimer zum Beispiel hatten mit anderen Berühmtheiten eines gemeinsam: Während der Schwangerschaft sang ihre Mutter oder sprach täglich mehr als drei Stunden mit ihnen. Und auch erfolgreiche Musiker wie Arthur Rubinstein und Yehudi Menuhin glauben, dass sie ihre herausragende Begabung ihren vorgeburtlichen Musikerlebnissen verdanken.

Kommunikation mit dem Ungeborenen

Liebe von Anfang an

Spürt ein Kind schon vor der Geburt die Liebe seiner Mutter? Oder vielleicht sogar ihre Ablehnung, ihre Sorgen und ihre Ängste? Obwohl nicht exakt belegbar, gehen Wissenschaftler davon aus, dass das Ungeborene merkt, welche Gefühle ihm entgegengebracht werden. Eine Frau, die während der Schwangerschaft sehr häufig unter Angst leidet, kann unter Umständen auch ein ängstliches Kind zur Welt bringen. Und ein Kind, das im Mutterleib keine Zuwendung erhalten hat, bekommt vielleicht sogar ein anderes Selbstbild als eines, das mit Freuden und voller Stolz erwartet wurde. Denn das Baby bringt schließlich nicht nur die genetisch bedingten Erbanlagen mit auf die Welt, sondern weiß auch, was es von sich selbst zu halten hat. Und diese Einstellung zu sich selbst wird wiederum geprägt von den Gefühlen einer Frau zu ihrem Kind. Ein ausgeprägtes Selbstbewusstsein und ein unerschütterliches Gefühl von Sicherheit kann nur die Liebe hervorbringen. Denn im Mutterleib erhält das Ungeborene sein Rüstzeug für die Welt! Und was könnten Sie Ihrem Kind Schöneres für das Abenteuer Leben mit auf den Weg geben als Vertrauen, Selbstbewusstsein, Freundlichkeit und einen gesunden Optimismus?

Sicherlich können Sie nicht den ganzen Tag voller Liebe an Ihr Baby denken. Das ist einfach unmöglich! Aber gönnen Sie sich doch einfach ein paar Minuten am Tag, in denen Sie sich ganz intensiv mit ihm beschäftigen. Lassen Sie sich dann nicht stören, sondern genießen Sie die stille Zwiesprache.

Außerdem ist es ein besonders schöner Start in den Tag, wenn Sie sich vor dem Aufstehen genüsslich in den Laken räkeln und sanft über Ihren Bauch streichen. Oder widmen Sie Ihrem Kind doch die Zeit vor dem Einschlafen. Und zwischendurch finden sich immer ein paar Minuten, in denen Sie sich Ihrem Baby voller Liebe zuwenden können. Reden Sie mit Ihrem Kind. Erzählen Sie von Ihren Gefühlen, Ihren Gedanken und ruhig auch von Ihren Problemen. Beziehen Sie es auf Ihre Weise in Ihren Tag ein. Ihr Kind spürt sowieso, wenn Sie etwas belastet. Wichtig ist nur die Zuwendung! Immerhin ist Ihr Kind ganz allein – und das monatelang. Es hat nur Sie: Ihre Gefühle, Ihre Ansprache und Ihre Wärme.

Stille Zwiesprache

Mutter und Kind haben demnach lange vor der Geburt einen ganz heißen Draht zueinander. Sie können sich auf ihre ganz eigene Art und Weise unterhalten – ohne dabei auf Worte angewiesen zu sein. Niemand bekommt diese stumme Zwiesprache mit, und nicht einmal Wissenschaftler können sie in ihrer ganzen Vielfalt nachvollziehen. Einen Namen hat diese Art der Kommunikation allerdings: Sie wird in der Fachliteratur unter dem Begriff Bonding zusammengefasst.

Die Gefühlsmuster, die sich im Mutterleib bilden, sind langfristig und formen die Mutter-Kind-Bindung genauso entscheidend wie die, die erst nach der Geburt entstehen. Die Entwicklung spielt sich sogar bei beiden in einem bestimmten Zeitraum ab: Vorgeburtliches Bonding findet vor allem während der letzten drei Schwangerschaftsmonate, spätestens jedoch während der letzten acht Wochen statt. Denn dann ist das Kind körperlich und geistig reif genug, um bereits sehr differenziert Botschaften zu senden und zu empfangen. Nach der Geburt sind nach dieser Theorie besonders die ersten Stunden und Tage entscheidend. Das Band, das vor der Geburt zwischen Mutter und Kind geknüpft wird, kann einen wertvollen Schutz vor den Gefahren und Unsicherheiten der Außenwelt darstellen. Es ist ein Schutz, der auch nach der Entbindung noch besteht.

Das Kind hat aber bereits vor der Geburt die Qual der Wahl. Es entscheidet selbst, welche von der Mutter angebotenen Reize es nutzen möchte und welche nicht. Findet es die vorgesetzten Informationen eher verwirrend oder nutzlos, werden sie einfach nicht beachtet. Wozu auch? Besonders gut beherrscht das Baby dies, wenn es ums Lauschen geht. Wir erinnern uns an den Satz von Alfred Tomatis: «Das Charakteristikum des Ohres ist nicht, alles zu hören, sondern zu wissen, was es hören muss.» Also könnte man auch sagen: Ein Ungeborenes hat schon im zarten Alter von drei bis vier Monaten seinen eigenen Kopf. Es folgt nicht länger bedingungslos der Mutter.

Mutter und Kind stehen drei Wege offen, um lange vor der Geburt miteinander in Verbindung zu treten. Diese Wege sind unabhängig voneinander und offen für Botschaften vom Baby zur Schwangeren und umgekehrt.

Der erste und offensichtliche Verbindungsweg ist der physiologische. Sogar wenn eine Schwangere ihr Baby zutiefst ablehnt, bleibt sie doch rein biologisch mit ihm verbunden. Schließlich ernährt auch die negativ eingestellte Frau ihr Ungeborenes. Allerdings kann es aufgrund einer solch ungünstigen Situation zu Hormonausschüttungen kommen, die die Entwicklung des Kindes negativ beeinflussen. Dies ist außerdem bei andauernder Angst, bei Stress oder beim Missbrauch von Alkohol, Zigaretten, Medikamenten oder Drogen der Fall.

Ebenso gewiss ist, dass die werdende Mutter all ihre Gefühle ihrem Kind mitteilt. Ob sie nun will oder nicht!

Der zweite Weg zum Kind ist die Kommunikation über das Verhalten. Er lässt sich gut beobachten und leicht erklären. Es gilt längst als bewiesen, dass ein Baby strampelt, wenn es sich erschreckt hat, Angst verspürt oder sich in einer Situation unwohl fühlt. Dieses Strampeln geht über die normalen Kindsbewegungen hinaus. Vielmehr tritt das Kind mit all seiner Kraft gegen die Bauchdecke, als wollte es einen Hilferuf an die Mutter schicken. Es kann sich also verständigen – ist aber auch stets darauf angewiesen, verstanden zu werden!

Mysteriöser wird es, wenn es um die Liebe geht. Denn nicht nachweisen lässt sich, wie das Baby dieses sehr intensive Gefühl empfängt. Entscheidend ist aber nicht der Weg, auf dem dies geschieht. Viel wichtiger ist, dass die Liebe einen maßgeblichen Einfluss auf die Entwicklung des Kindes hat – dazu brauchen wir keine wissenschaftliche Bestätigung: Das wissen und fühlen Mütter selbst ganz genau.

Die dritte Verbindung zwischen Mutter und Kind ist die empathische Kommunikation. Sie ist nicht messbar, deswegen aber keineswegs unwichtig. Dieser Weg steht nicht isoliert für sich, sondern verfügt über zahlreiche Querverbindungen zu den anderen Kommunikationsarten. Die Liebe ist wohl das beste Beispiel dafür. Denn wie sonst kann das Ungeborene wissen, dass es von seiner Mutter geliebt wird? Nur weil die Mutter hin und wieder über den Bauch streichelt? Das trägt sicherlich dazu bei, reicht aber als Erklärung nicht aus.

Gut zu wissen: Intuitive Kommunikation

Der auf Primärtherapie spezialisierte Psychologe Thomas Verny verweist darauf, dass in China die Babys deutlich ruhiger sind als in Amerika: «Das Verhalten sagt natürlich viel über die jeweilige Kultur aus, in die das Kind hineingeboren wird. Aber wie kann ein drei Stunden oder auch drei Tage altes Kind wissen, welches Verhalten von ihm in seinem Kulturkreis erwartet wird? Das ist, glaube ich, nur durch empathische Kommunikation möglich.» Ein weiteres Beispiel sind für Verny afrikanische Kinder, die in einer Schlinge auf dem Rücken getragen oder auf die Hüfte gebunden werden. In beiden Positionen wäre es eigentlich völlig normal, wenn das Baby seine Mutter mit seinen Ausscheidungen regelmäßig beschmutzen würde. Tut es aber nur in Ausnahmefällen! Intuitiv wisse die Frau – behauptet der Psychologe –, wann sie ihr Kind abhalten müsse. Bereits sieben Tage nach der Geburt werde sie von den anderen Frauen als schlechte Mutter beschimpft, wenn sie diesen Zeitpunkt des Abhaltens doch einmal verpassen würde. Thomas Verny: «Die Menschen in bäuerlichen Gesellschaften haben fast immer mehr Intuition als Stadtmenschen. Wahrscheinlich, weil sie eher bereit sind, ihren Sinnen zu trauen. Die Rationalisierung und Mechanisierung des Lebens, die sich in den letzten Jahrhunderten in Europa und Amerika ausgebreitet haben, scheinen dieses Vertrauen zu zerstören.»
Eine besondere Bedeutung misst der Wissenschaftler den Träumen bei. Durch sie nimmt das Ungeborene Kontakt zur Mutter auf, und deshalb bezeichnet Thomas Verny sie als «außersinnliche Botschaften». Neueste Untersuchungen zeigen, dass Träume die heilsamste und häufigste Möglichkeit sind, sich während der Schwangerschaft mit Ängsten auseinander zu setzen.

Das Ungeborene kann zwar recht genügsam sein, braucht aber diese Formen der Kommunikation. Ohne Liebe und Verständnis der Mutter kann es sich nicht optimal entwickeln. Natürlich schwebt keine Frau während der Schwangerschaft ausschließlich auf rosaroten Wolken. Und nirgendwo herrscht nur eitel Sonnenschein. Aber es sind auch nicht die kleinen Krisen, die ihrem Kind schaden. Es sind auch nicht die immer wieder auftauchenden Unsicherheiten, die den Kontakt zum Kind erschweren. Wer zu seinen Problemen steht und das Ungeborene einbezieht, wird schon alles richtig machen. Schließen Sie also Ihr Baby nicht aus. Hilfreich ist, dem Kind die eigenen Empfindungen mitzuteilen – das funktioniert auch ohne Worte. Es fühlt ohnehin mit. So ist es vor der Geburt, und so wird es zunächst auch bleiben. Das Band zwischen Mutter und Kind ist zart, überdauert aber eine kleine Ewigkeit.

Von dieser Nähe ist der Vater nicht ausgeschlossen. Im Gegenteil: Er ist sogar sehr wichtig! Denn er beeinflusst mit seiner Einstellung zum Kind ganz entscheidend das Wohlbefinden der Mutter. Steht er von ganzem Herzen zu seinem Nachwuchs, geht es in der Regel auch der Mutter gut. Massive Partnerschaftsprobleme können sich dagegen negativ auf die Entwicklung des Ungeborenen auswirken. Keine Frage: Beziehungsstress stellt ein enormes Risiko für die seelische Gesundheit des Kindes dar! Das belegen auch verschiedene aktuelle Studien. Sie ergaben, dass die Häufigkeit von Angst bei Kindern aus problematischen Partnerschaften fünfmal so hoch ausfällt wie bei Kindern aus harmonischen Beziehungen.

Durch eine intensive Beschäftigung mit dem Neugeborenen wird der Vater zu mehr als nur einer Randfigur. Er fühlt sich in das Geschehen eingebunden und kann sich Mutter und Kind gegenüber sicherer fühlen. Denn auch der Vater ist in der Lage, bereits während der Schwangerschaft eine enge Beziehung zu seinem Kind aufzubauen. Er kann mit dem Ungeborenen reden, kann es erfühlen, ihm etwas vorlesen, und er kann ihm natürlich auch etwas vorsingen. Mit etwas Glück erkennt es die Melodie nach der Entbindung wieder, und mit noch mehr Glück beruhigt es sich dann sofort. Also, nur keine Hemmungen!

Die beste Chance zur Kontaktaufnahme bietet sicherlich das Streicheln. Durch einfaches Handauflegen kann sich der Vater langsam an das Baby herantasten. Mit viel, viel Geduld spürt er, wie das Baby allmählich seiner Hand folgt und sich ihr zuwendet.

Das Baby hört die Stimme des Vaters zwar nicht so direkt wie die der Mutter, aber es verbindet nach einer Weile auch mit ihr Liebe und Zärtlichkeit. Und es erkennt dann die Stimme nach der Geburt wieder. Schließlich hat es während all der Monate in der Gebärmutter genug Gelegenheit gehabt, die Sprachmelodie des Papas zu erforschen. Folglich fällt es Vätern, die sich ausgiebig an der vorgeburtlichen Kommunikation beteiligt haben, wesentlich leichter, ihre schreienden Neugeborenen zu beruhigen. Ein Vater, der intensiv an der Schwangerschaft teilgenommen hat, wird auch in der Lage sein, Mutter und Kind die Schmerzen der Geburt erträglicher zu machen. Sein Trost, seine Wärme und seine Kraft sind oft wirkungsvoller als medizinische Hilfsmittel. Und sie sind weit natürlicher als alle programmierbare Technik.

Erinnerungen

Jeder Mensch trägt sie in sich: vorgeburtliche Erinnerungen. Immerhin hat das Ungeborene ab dem sechsten Monat ein Gedächtnis! Es kann seine Erlebnisse im Mutterleib speichern und sich später wieder daran erinnern. Das Baby hat bereits gelernt, die Gedanken und Gefühle seiner Mutter zu verstehen, und es vergisst sie nun auch nicht mehr. Bestes, wenn auch kurioses Beispiel ist ein Dutzend ABC-Schützen im französischen Limoge. Die Kinder sprechen nicht nur Französisch, sondern auch Englisch – und zwar akzentfrei. Dabei sind die Grundschüler keineswegs zweisprachig erzogen worden. Sie haben lediglich englische Wiegenlieder gehört. Aber nicht erst in der Wiege, sondern bereits vor der Geburt. Ihre Mütter ließen sich in den letzten fünf Schwangerschaftswochen täglich für 45 Minuten einen Walkman auf den Bauch setzen, aus dem die sanften, jedoch deutlich gesungenen Lieder erklangen. Im Kindergartenalter fiel es den Jungen und Mädchen dann spielend leicht, die Sprache zu erlernen. Sie entwickelten ein Gefühl für sie, als sei sie ihnen angeboren. Übrigens wird diese Methode in Frankreich seit sieben Jahren erprobt und mittlerweile auch in den Vereinigten Staaten nachgeahmt. Im kalifornischen Hayward sind Psychologen sogar noch einen Schritt weiter gegangen: Sie haben eine vorgeburtliche Hochschule gegründet, die «Prenatal University». So hochtrabend das klingt – was dort getan wird, ist einfach. Die Ungeborenen werden dort mit sanfter Musik verwöhnt, sozusagen als Nahrung für das Gehirn.

Nun sollten Sie diese Beispiele aber nicht als Aufforderung verstehen, Ihr Kind schon im Bauch mit allem zu fördern, was Wissenschaftler sich ausdenken. Immerhin geben sie aber Hinweise darauf, was Ihr Kleines schon alles mitbekommt.

Gut zu wissen: Erinnerungen

Dass es eine Erinnerung an das Leben vor der Geburt gibt, zeigt sich scheinbar auch durch die Rückführungen des Hamburger Therapeuten Klaus Lange. Er begleitet seine Patienten mit Hilfe von Entspannungsübungen zurück zur Geburt.

Klaus Lange: «Fast jeder kann seine Geburt in allen Einzelheiten beschreiben. Er erinnert sich an den Raum und die Menschen, die ihn in Empfang nehmen. Er kann jedes Wort hören und jeden Handgriff spüren.» Und die Beschreibungen stimmen tatsächlich mit der Wirklichkeit überein. Auch die Zeit im Mutterleib ist im Gedächtnis gespeichert. Dazu der Therapeut: «Bei solchen Erinnerungen erlebt man, wie es im Mutterleib ist, was die Mutter gerade denkt und tut und auch, welche Gefühle sie zu dem Baby im Bauch hat.» So soll sich ein junger Mann in Langes Praxis an ein Gespräch seiner Eltern über die eigene Abtreibung erinnert haben – ein Gespräch, das tatsächlich stattgefunden hat.

Der amerikanische Wissenschaftler David Chamberlain geht ebenfalls davon aus, dass das Ungeborene den Wunsch der Mutter nach einer Abtreibung spürt. Das Baby empfindet dies als eine Zurückweisung, die später das Verhältnis zur Mutter ganz entscheidend trüben kann. Chamberlain rät allen Betroffenen, offen und ehrlich mit dem Baby im Bauch über diese Gedanken und Probleme zu reden. Chamberlain: «Mütter berichten, dass sie nach einem solchen ernsten Gespräch einen Strom der Liebe vom Ungeborenen kommen spürten, Heilung erfuhren und sich in ihrer Entscheidung bestärkt fühlten.»

Hautkontakt

Der direkte Weg zum Kind führt über die Haut: Ab der 26. Woche können Sie versuchen, Ihr Kind durch die Bauchdecke gezielt und liebevoll zu berühren. Der wissenschaftliche Begriff für diese gefühlvolle Kommunikationsart ist Haptonomie, und in einigen Geburtsvorbereitungskursen wird sie eigens gelehrt. Die haptonomische Behandlung will nichts anderes als durch liebevolle Berührung Nähe und Vertrauen herstellen, Spannungen abbauen helfen und heilen.

Gut zu wissen: Hautkontakt spielerisch herstellen

Ohne großen Aufwand und ohne Anleitung können Sie in den eigenen vier Wänden diesen Hautkontakt herstellen. Am besten legen Sie sich ganz entspannt hin – oder setzen sich in einen Schaukelstuhl. Dann nehmen Sie Ihren Bauch in beide Hände und drücken ihn von einer Seite ganz sanft. Wichtig ist, dass Sie sich völlig entspannen und sich ganz auf diese noch ungewohnte Verständigungsform einlassen. Nach einiger Zeit spüren Sie dann – mit etwas Glück und noch mehr Fingerspitzengefühl –, dass sich die Hand des Kindes auf Ihre zubewegt. Es tastet sich förmlich an eine zärtliche Begegnung heran. Konzentrieren Sie sich nun auf diese winzige Hand, und vielleicht folgt sie schon bald zaghaft Ihren eigenen Bewegungen. Nun kann das Spiel beginnen!

Etwas Geduld müssen Sie für die Haptonomie aber schon mitbringen. Im Hauruck-Verfahren geht gar nichts – und es geht auch nicht, wenn Sie mit Ihren Gedanken ganz woanders sind!

Dieses kleine Spiel und die vielen anderen Arten der vorgeburtlichen Kommunikation tragen wesentlich zur Ausbildung des kindlichen Gehirns bei. Denn alles, was das Baby mit seinen Sinnen wahrnimmt und in echte körperliche Reaktionen umsetzt, fordert das Gehirn. Es wird regelrecht trainiert. Besonders wichtig ist hierbei der Hautkontakt. Die Ursache liegt vielleicht darin, dass Gehirn und Haut den gleichen Ursprung haben: Beide entstehen aus demselben Keimblatt.

Das Superhirn

Von der Zeugung an ist das Ungeborene ein intelligentes Wesen! Umstrittene These oder bewiesene Realität? Die Wahrheit befindet sich vielleicht irgendwo dazwischen.

Das Gehirn ist die Schaltstelle des Nervensystems. Von hier aus werden Verhalten und Gefühle gesteuert. Die Arbeit leisten dabei die Nervenzellen, von denen ein Kind bereits rund 100 Milliarden hat. Von diesen Zellen befindet sich etwa ein Viertel in der Großhirnrinde, in der das rationale Denken stattfindet. Hinzu kommen noch weitere 100 Milliarden Stütz- und Nährzellen. Alles zusammen ergibt ein kompliziertes Gebilde, das auf die Wechselwirkungen zwischen den einzelnen Nervenzellen baut! Und darin liegt ein ungeheures Potenzial!

Bereits das Gehirn eines Fötus muss die Voraussetzungen dafür schaffen, dass die Abläufe später reibungslos funktionieren: Es muss drei miteinander verbundene Elemente ausbilden – das afferente, das zentrale und das efferente Nervensystem. Während im afferenten Nervensystem alle Reize von außen aufgenommen und ans zentrale Nervensystem – bestehend aus Gehirn und Rückenmark – weitergeleitet werden, schickt das efferente Nervensystem die Befehle zu den ausführenden Körperteilen, zum Beispiel den Arm- und Beinmuskeln.

Die Wachstumsvorgänge des Gehirns werden durch genetische Vorgaben und Einflüsse von außen gesteuert. Diese äußeren Faktoren werden von der Mutter mitbestimmt: Raucht sie eine Zigarette, raucht ihr Baby passiv mit. Trinkt sie Alkohol, prostet sie ihm automatisch zu. Schwitzt sie ausgiebig in der Sauna, wird auch dem Ungeborenen deutlich wärmer.

Bis heute ist das letzte Geheimnis um die Entwicklung des Gehirns noch nicht gelüftet. Bewiesen ist allerdings, dass das Ungeborene in der Lage ist, aus Sinnesreizen aus seiner Umwelt zu lernen. Man nimmt sogar an, dass das Kind bereits im Mutterleib ein Bewusstsein seiner selbst entwickelt und damit die ersten Grundlagen seiner Persönlichkeit gelegt werden. Dominick Purpura vom National Institut of Health geht davon aus, dass der Zeitpunkt des geistigen Erwachens irgendwann zwischen der 28. und 32. Woche liegt. Von da an seien die Nervenleitungen des Gehirns ähnlich ausgebildet wie die eines Neugeborenen.

Gut zu wissen: Träumt ein Fötus?

Etwa ab der 32. Woche können mit dem EEG Gehirnströme gemessen werden. Dabei wird deutlich, dass auch das Ungeborene zwischen Schlaf- und Wachzuständen wechselt, aber auch im Schlaf geistig aktiv ist. Das EEG gibt die REM-Phasen wieder – also die Schlafphasen, die durch rasch aufeinander folgende Augenbewegungen gekennzeichnet sind. Bei einem Erwachsenen würden Ärzte von einem Traum sprechen. Beim Ungeborenen ist unklar, was in dieser Zeit in ihm vorgeht. Taucht auch das Baby schon ab in eine Traumwelt? Nähert es sich dabei vielleicht sogar den Gedanken und Träumen der Mutter?

Was das Baby wirklich bewegt, kann wissenschaftlich nicht belegt werden. Fest steht jedoch, dass für das Baby diese REM-Phasen sehr sinnvoll sind: Es betreibt eine Art Gehirn-Jogging. Nach Ansicht der Schlafforschung ist dies wichtig für die geistige Entwicklung und die Koordination des Nervensystems. Ab dem sechsten Monat ist das Gehirn so weit entwickelt, dass es die ersten Gedächtnisspuren speichern kann. Das Kind beginnt, Erinnerungen zu sammeln (vgl. S. 51).

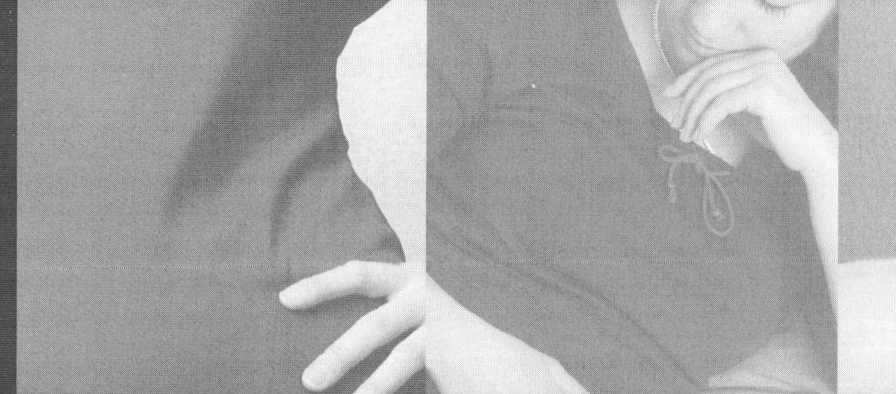

Die zehn Monate

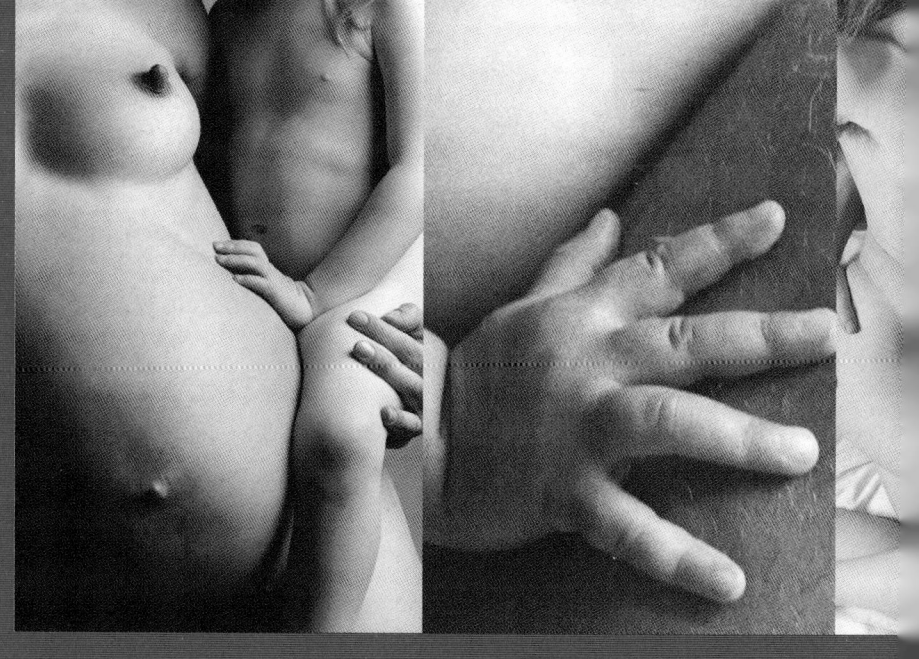

der Schwangerschaft

1.Monat
Entwicklung
des Embryos

Denn du hast mein Inneres geschaffen, / mich gewoben
im Schoß meiner Mutter. / Ich danke dir, dass du mich so
wunderbar gestaltet hast. / Ich weiß: Staunenswert sind
deine Werke. *Psalm 139*

Von den 500 Millionen Spermien, die bei der Ejakulation abgegeben werden, erreichen nur etwa 100 unter großen Anstrengungen das Objekt der Begierde: Nach etwa 20000 Schwanzbewegungen sind sie endlich beim Ei. Doch nun geht der Stress erst richtig los, denn wie im richtigen Leben kann nur einer gewinnen. Und so dringt nur ein einziges Spermium durch die vielen Zellschichten zum Eikern vor und befruchtet das Ei. Alle anderen Spermien sterben ab.

Die Eizelle selbst ist ein winziger Punkt – nicht größer als ein Punkt am Ende eines Satzes. Aber bereits wenige Stunden nach der Befruchtung teilt sich die Eizelle zum ersten Mal. Dieser Vorgang ereignet sich viele Millionen Mal, bis aus diesem winzigen Punkt ein lebensfähiger Mensch wird. Dabei enthält jede Zelle den vollständigen genetischen Code, den Mutter und Vater ihm mit auf den Weg gegeben haben. Und diese Erbeigenschaften sind die Grundbausteine, auf denen die Entwicklung des Ungeborenen basiert.

In den ersten Tagen wandert der Keimling in Richtung Gebärmutter. Aber es ist kein gemütlicher Spaziergang, sondern ein knallharter Überlebenskampf. In dieser Zeit wird aus der einen Eizelle ein kugelförmiges Gebilde aus vielen Zellen. Und dieses Gebilde macht sich auf den Weg zum Abenteuer Leben!

Während dieser nicht einmal einwöchigen Wanderung bereitet sich die Gebärmutterschleimhaut darauf vor, dass sich der Keimling dort einnistet. Die Schleimhaut wird stärker durchblutet und von den Hormonen wie ein Schwamm aufgelockert.

Sobald die Einnistung geglückt ist, sucht der Keimling mit seinen winzigen Ausläufern Anschluss an das Blut der Mutter. Schon jetzt kann die Schwangerschaft durch einen veränderten Hormonspiegel mit einem einfachen Test festgestellt werden. Und genau diese Veränderung macht sensiblen Frauen ab sofort zu schaffen. Sie leiden häufig unter Stimmungsschwankungen – himmelhoch jauchzend, zu Tode betrübt. Kein Wunder, denn ihre Gefühle fahren jetzt Achterbahn. Ab jetzt regieren die Schwangerschaftshormone!

TIPP

Wenn Ihnen morgens übel ist, deponieren Sie etwas Zwieback oder Knäckebrot an Ihrem Bett, und knabbern Sie noch vor dem Aufstehen an diesem Vorrat. Dazu stellen Sie sich am besten eine Thermoskanne mit warmem Pfefferminz- oder Kamillentee, den Sie morgens in kleinen Schlucken trinken.

Manche Frauen spüren bereits neun Tage nach der Empfängnis, dass sie schwanger sind. Und viele haben ein schlechtes Gewissen: Sie bereuen jedes Glas Wein, jede Zigarette und jede Kopfschmerztablette, zu der sie gegriffen haben, als sie noch nichts von dem neuen Leben in sich wussten. Doch diese Angst ist unbegründet! Denn solange sich der Keim noch nicht im Uterus eingenistet hat, kann auch noch kein Giftstoff aus dem Blut der Mutter bis zu ihm vordringen und Schaden anrichten. Außerdem herrscht in diesem frühen Stadium das Alles-oder-nichts-Prinzip: Entweder entwickelt sich die befruchtete Eizelle ganz normal oder gar nicht.

Nun beginnt ein unvorstellbarer Wachstumsprozess. Tag für Tag werden Hunderte von neuen Zellen gebildet. Sie spezialisieren sich, und so entsteht Stück für Stück das Organsystem des neuen Menschen. Am Ende der zweiten Woche ist bereits eine klare Ausrichtung des Embryos festzustellen. Oben und Unten sind zu erkennen, rechte und linke Seite, Vorder- und Rückseite. Außerdem macht es sich an den Aufbau seiner Plazenta. Sie ist das Bindeglied zwischen Mutter und Kind, und nur wenn sie ihre Aufgaben erfüllt, kann sich das Kind im Mutterleib richtig entwickeln. Dieses Organ ermöglicht, dass sich die Blutsysteme der beiden möglichst nahe kommen, ohne sich jedoch zu verbinden. Auf diese Weise können zwei völlig getrennte Organismen sehr eng miteinander verknüpft sein. Außerdem übernimmt die Plazenta die Aufgaben von Lunge und Niere des Ungeborenen, und in ihr werden die Hormone erzeugt, die die Schwangerschaft aufrechterhalten.

Aus dem befruchteten Ei ist nach nur drei Wochen ein winziges Wesen geworden, das knapp zwei Millimeter lang ist. Eigentlich ist es nichts anderes als eine Keimscheibe, die aus drei Keimblättern besteht. Aus dem vorhandenen Rückgratstab bildet sich eine Röhre, die die Grundlage für das Rückenmark darstellt. Später entstehen aus dem äußeren Keimblatt das Gehirn sowie Rückenmark, Haut und Haare. Knochen, Knorpel, Muskeln, Herz, Nieren, Blut, Blutgefäße, Bindegewebe, innere Geschlechtsorgane, Milz und Keimdrüse entwickeln sich aus dem mittleren Keimblatt. Und aus dem inneren Keimblatt werden schließlich Mandeln, Schilddrüse, Schleimhaut und Leber. In diesem frühen Stadium hat der Embryo im Rachenraum sogar noch eine Reihe von Schlitzen, die den Kiemen von Fischen sehr ähneln. Während diese Kiemen den Fischen zur Sauerstoffaufnahme dienen, verkümmern sie in der weiteren menschlichen Entwicklung.

Ab jetzt schlägt auch das Herz, das wie ein winziger, pulsierender Punkt auf dem Ultraschall-Bildschirm zu sehen ist. Der Winzling bringt es auf ganze 65 Herzschläge pro Minute. Außerdem beginnt die Entwicklung des Innenohrs mit Gleichgewichts- und Hörorgan. Neben vielen anderen Organsystemen können zu diesem Zeitpunkt auch die Ursprünge des Nervensystems entdeckt werden. Es besteht noch aus einem langen Rohr, dem so genannten Neuralrohr, und durchläuft die gesamte Länge des Embryos. Am vorderen Ende entsteht schließlich das Gehirn, an dessen beiden äußeren Seiten sich jeweils ein Bläschen bildet – die späteren Augen. Ende des ersten Monats ist der Embryo ungefähr so groß wie eine Erbse.

2.Monat
Vom Embryo zum Fötus

Eine schwangere Frau
lacht und weint
hofft und zweifelt
leidenschaftlich
selig
selbstvergessen

Im zweiten Monat wächst der Embryo enorm: Etwa einen Millimeter pro Tag – und er hat bereits eine deutlich erkennbare menschliche Gestalt. Ab ungefähr der 5. Woche sind bereits Augen, Ohren, Nase, Lippen und Zunge zu sehen, und sogar die Milchzahnknospen in Ober- und Unterkiefer sind schon vorhanden. Der Embryo ist jetzt ungefähr sieben Millimeter lang, hat einen verhältnismäßig großen Kopf und recht kurze Arme und Beine, an denen schon Hände und Füße erkennbar sind. Er besitzt sogar noch einen verkümmerten Schwanz, der allerdings ungefähr in der 8. Woche wieder verschwindet.

Der Embryo hat noch jede Menge Platz im Fruchtwasser der Fruchtblase, die vom Mutterkuchen – der Plazenta – umgeben wird. Außerhalb seines Körpers wird im so genannten Dottersack das Blut des Embryos gebildet. Mit seiner Mutter ist er über die Nabelschnur verbunden. Sie erreicht im Verlauf der Schwangerschaft eine Länge von etwa 60 Zentimetern, und ungefähr 350 Liter Flüssigkeit fließen Tag für Tag hindurch. Trotz dieser Länge kann es im Normalfall nicht zu Verknotungen der Nabelschnur kommen, da ihre Blutgefäße stets prall gefüllt sind.

Die Nabelschnur versorgt den Embryo mit Sauerstoff und Nährstoffen aus dem Blut der Mutter. Das verbrauchte Blut gibt das Ungeborene auf diesem Weg auch wieder an seine Mutter zurück. An deren Körper werden jetzt besondere Anforderungen gestellt: Das Herz muss große Mengen Blut durch die Plazenta pumpen, während der Blutdruck in der Regel sinkt. Außerdem muss die Frau nicht nur das «Baumaterial» für Fötus und Plazenta liefern, sondern auch den «Treibstoff». Das bedeutet eine angemessene, ausgewogene Ernährung – am besten auf Vollwertbasis! Übrigens klagt manche Frau schon zu diesem frühen Zeitpunkt der Schwangerschaft über Sodbrennen, das durch die Lockerung der Magenmuskulatur entsteht.

In der 6. Woche ist der Embryo ca. 14 Millimeter lang, die Ausformung der Füße beginnt, und sein kleines Herz schlägt doppelt so schnell wie das seiner Mutter. Nur eine Woche später hat sich das Gehirn so weit entwickelt, dass die einzelnen Nervenzellen beginnen, Kontakt untereinander aufzunehmen. Pro Minute entstehen rund 100 000 neue Nervenzellen, die alle miteinander in Verbindung treten können. Dadurch ist der Embryo schon ab der 7. Woche in der Lage, sämtliche Informationen, die er erhält, an das Gehirn weiterzuleiten. Sicherlich sind diese Informationen noch relativ beschränkt, aber immerhin umfassen sie schon die Entwicklung des Embryos.

Nach der 8. Woche ist das Ungeborene ungefähr so groß wie eine Erdnuss. Es misst also stattliche drei Zentimeter und ist schon etwa 13 Gramm schwer. Gemessen ist dies vom Scheitel bis zum Steiß, da der Embryo gekrümmt in der Fruchtblase schwimmt. Tatsächlich ist er sogar noch etwas länger. Außerdem verfügt er bereits über ein überraschendes Repertoire an Reflexhandlungen: Er kann Kopf, Arme, Beine und Rumpf bewegen und entwickelt langsam seine eigene Körpersprache. Wenn dem Ungeborenen etwas nicht passt, tritt es auch schon mal kräftig zu. Und es verdrückt sich lieber, wenn irgendein Störenfried auf den Bauch der Mutter drückt. Platz genug hat es schließlich noch …

Auch die inneren und die äußeren Organe sind am Ende des zweiten Monats bereits angelegt. Die Entwicklung des Innenohrs mit Gleichgewichts- und Hörorgan ist sogar schon komplett abgeschlossen, und auch das Außenohr wird deutlich sichtbar. Eine eindrucksvolle Klangwelt umgibt das Ungeborene: Das Rumoren des Magens erlebt es hautnah mit, und bei der Verdauung sitzt es quasi in der ersten Reihe. Lärmend rauscht das Blut an ihm vorbei, und direkt über ihm pocht unerbittlich Tag und Nacht das Herz der Mutter. Und schließlich sind da auch noch die Klänge, die von außen stark gedämpft zum Embryo vordringen. Diesen Geräuschpegel kann er nur ertragen, weil er die tiefen Frequenzen aus der Wahrnehmung ausklammert. Er hört erst ab 2000 Hertz. So werden auch aus der Stimme des Vaters die tiefen Töne herausgefiltert, sie wird eher verzerrt wahrgenommen (vgl. auch S. 42 ff.).

Langsam wird aus dem Embryo ein Fötus, aber was immer er auch hören mag – ihn interessieren vor allem die Liebe und die Zuneigung, die ihm seine Mutter entgegenbringt.

3. Monat
Turnstunden

Dir will ich meines Liebsten Augen geben
und seiner Seele flammenreiches Glühn.
Ein Träumer wirst du sein und dennoch kühn
verschlossene Tore aus den Angeln heben.

Mascha Kaléko

Jetzt beginnen die Turnstunden: Ihr Baby hat nicht länger nur Armknospen, sondern Schultern, Ellenbogen, Handgelenke und Hände mit Fingern samt Fingernägeln. Diese Errungenschaften wollen schließlich ebenso erprobt werden wie die frisch ausgebildeten Beine und Füße. Zwar sind die Zehen noch mit kleinen Häutchen verbunden, aber das stört bei diesen Übungen überhaupt nicht. Welche Übungen? Nun, das Baby strampelt, spreizt unternehmungslustig die Zehen und bildet immer wieder eine Faust. Außerdem schwimmt es, umgeben von Fruchtwasser, wie in einem Aquarium. Es stößt sich mit Füßen und Beinen ab und bewegt sich von einem Ende der Gebärmutter zum anderen. Und wenn Ihr Baby dann noch nicht müde ist, geht es weiter: Es übt, die Handgelenke und sogar den Kopf zu drehen, und lässt sich immer neue Spiele einfallen. Und manches Baby wird mitunter schon von einem lästigen Schluckauf geplagt, der sehr ausdauernd sein kann. Auch die Mimik will gelernt sein: Der winzige Mund wird geöffnet, die Augenbrauen gehoben und die Stirn gerunzelt. Zu diesem Zeitpunkt entwickeln sich auch wichtige Reflexe: Könnten wir dem Ungeborenen über die Augen streichen – wie es Wissenschaftler in einigen Untersuchungen bereits getestet haben – würde es genervt die Stirn runzeln. Ein Finger am Mund würde dagegen ausreichen, um es zum Saugen zu bringen. Früh übt sich!

In dieser Zeit hat Ihr Baby noch reichlich Platz zum Toben: Es ist gerade einmal acht bis neun Zentimeter lang – hat also ungefähr die Ausmaße eine Wäscheklammer – und wird von dem herrlich warmen Fruchtwasser umgeben. Ertrinken kann es dabei nicht, wenn auch seine Lungen mit Fruchtwasser durchspült werden. Denn noch wird das Baby über die Nabelschnur mit Sauerstoff versorgt. Ertrinken kann es übrigens auch nach der Geburt nicht. Dafür sorgt ein so genannter Primitivreflex, der sich erst nach drei bis sechs Monaten wieder verliert. Diesem Reflex verdankt das Baby, dass es automatisch die Luft anhält, wenn es ins Wasser fällt. Dazu muss es nicht einmal den Mund schließen!

TIPP

Eine große Hilfe bei der Vorbereitung auf das neue Leben mit Kind sind Geburtsvorbereitungskurse, die in fast allen Städten angeboten werden. Erkundigen Sie sich bei Ihrem Arzt oder in Ihrer Klinik oder bei einer Hebamme. Das von Ines Albrecht-Engel herausgegebene Buch «Geburtsvorbereitung. Handbuch für werdende Mütter und Väter» (s. Anhang, S. 125) wird von der «Gesellschaft für Geburtsvorbereitung» empfohlen und informiert Sie über alles Wissenswerte.

Den Dottersack außerhalb des kleinen Körperchens gibt es nun nicht mehr, denn ab etwa der elften Woche wird das Blut in Leber und Milz gebildet. Alle anderen Organe sind ebenfalls vorhanden und zum Teil schon funktionsfähig. Aus dem Embryo ist ein Fötus geworden.

Noch etwas ändert sich in diesem Entwicklungsstadium: Das Köpfchen bekommt eine neue Form. Schon jetzt sind individuelle Gesichtszüge erkennbar, denn die Gesichtsmuskeln bilden sich nach einem ererbten Muster. Und der erste Haaransatz wird sichtbar! Wenn Sie jetzt genauer auf den Ultraschall-Bildschirm schauen, können Sie je nach Position das Geschlecht Ihres Kindes erkennen – wenn Sie das überhaupt wollen. Zwar wird schon bei der Verschmelzung von Ei- und Samenzelle festgelegt, ob der Nachwuchs männlich oder weiblich ist, aber erst im dritten Monat werden die Geschlechtsorgane sichtbar. Außerdem sind dann bereits die Ohrmuscheln ausgebildet und die bis zum sechsten Monat geschlossenen Augenlider gewachsen. Auch das Auge selbst ist strukturell bereits vorhanden, nur die Nervenverbindungen müssen sich noch ausbilden.

Wahrscheinlich geht es Ihnen im dritten Monat besser als zu Beginn der Schwangerschaft. Die anfängliche Übelkeit legt sich jetzt in der Regel, und auch die Müdigkeit lässt etwas nach. Allerdings kann es nun häufiger zu Wadenkrämpfen kommen, und manche Frauen verspüren einen vermehrten Harndrang. Das ist kein Grund zur Sorge, sondern völlig normal. Es liegt einfach daran, dass die Gebärmutter von der Größe eines Tennisballs auf die Blase drückt. Außerdem verändert sich der Flüssigkeitsumsatz Ihres Körpers. Er lagert vermehrt Wasser ein, sodass zum Beispiel kleine Fältchen im Gesicht fast gänzlich verschwinden. Ihr Teint wirkt jugendlich und frisch. Jetzt beginnt die schöne Zeit erst wirklich!

TIPP

Wadenkrämpfe sind in der Regel ein Anzeichen für Magnesiummangel. Mit einer Brausetablette oder einem Teelöffel Honig vor jeder Mahlzeit können Sie schnell Abhilfe schaffen.

4. Monat
Mit geschlossenen
Augen

Nur mit dem Herzen
kann man richtig sehen.
Das Wesentliche ist
für das Auge unsichtbar.
Antoine de Saint-Exupéry

Ihr Baby ist jetzt schon ein ganzer Mensch – es muss nur noch wachsen und gedeihen. Immerhin misst es schon ungefähr 14 Zentimeter und ist rund viermal so schwer wie in der 13. Woche: Stolze 200 Gramm würde es bereits auf die Waage bringen. Alle lebenswichtigen Organe sind vollständig ausgebildet, und Beine sowie Arme haben machtig an Länge zugelegt. Nur die Leber hinkt etwas hinterher und ist manchmal auch bei der Geburt noch nicht richtig ausgereift. Deshalb leiden viele Neugeborene in den ersten Tagen unter einer leichten Gelbsucht – deutlich erkennbar an der gelblich verfärbten Haut.

Bei den Mädchen haben sich im vierten Monat in den Eierstöcken bereits Eier gebildet. Und zwar nicht nur einige wenige: Es sind ungefähr fünf Millionen, die für ein ganzes Leben reichen! Nur die Knochen des Babys müssen noch als Knorpel bezeichnet werden, denn sie sind noch sehr weich und biegsam.

Der gesamte Körper ist mit einem feinen Flaum, dem so genannten Woll- oder Lanugohaar, bedeckt. Und es ist bereits jetzt erkennbar, ob Ihr Kind braune, blonde, schwarze oder rote Haare haben wird. Ebenfalls zu erkennen ist ein Ansatz von Augenbrauen und Wimpern. Auch das Gesicht nimmt nun Formen an. Wangen und Stirn, Nase und Mund: Ihr Baby bekommt ganz deutlich seine individuellen Züge. Außerdem bilden sich langsam Augen und Augenlider – wenn sie vorerst auch noch nicht geöffnet werden. Und vielleicht bewirkt dies auch, dass mit geschlossenen Augen die Intensität der Gefühle noch größer ist. Noch schläft Ihr Kind allerdings die meiste Zeit. Es schwebt dabei in der Schwerelosigkeit der Fruchtblase wie ein Astronaut in seiner Raumkapsel. Das Feeling ist bestimmt einzigartig – ähnlich dem eigenartigen Gefühl, das uns im warmen Wasser überkommt: Der Auftrieb des Wassers versetzt uns in eine Art Schwerelosigkeit, und unsere Bewegungen werden fast bis zur Zeitlupe gebremst.

Ihre Gebärmutter hat jetzt deutlich an Umfang gewonnen: Sie erreicht etwa die Größe einer stattlichen Grapefruit und ragt zwei Finger breit über das Schambein hinaus. Überhaupt muss Ihr Körper nun richtige Schwerarbeit leisten. Das Gewebe wird vermehrt durchblutet, und die Organe arbeiten auf Hochtouren. Viele Frauen leiden jetzt beim Zähneputzen unter Zahnfleischbluten. Dass jedes Kind die Mutter einen Zahn kostet, ist allerdings ein Ammenmärchen – vorausgesetzt, Pflege und Ernährung stimmen!

TIPP

Vitamin C beugt Zahnfleischbluten vor. Spülen Sie außerdem Ihren Mund mit Kamillentee oder verdünntem, naturtrübem Apfelessig. Steigen Sie auf eine weiche Zahnbürste um. Zu viel Süßes bewirkt, dass der Zahnschmelz in der Schwangerschaft noch eher als sonst angegriffen wird, da sich der Säuregehalt im Speichel durch die Hormonumstellung verschoben hat.

In dieser Zeit treten auch häufig Rückenschmerzen auf, die durch eine hormonelle Auflockerung der Gelenkverbindungen und durch das zunehmende Gewicht des Babys entstehen. Entlasten können Sie Ihre Wirbelsäule durch Bewegung. Besonders geeignet sind Schwimmen und eine spezielle Rückengymnastik. Manchmal lindert aber schon eine Wärmflasche oder ein warmes Bad die Beschwerden. Einreibungen mit Tigerbalsam, Arnikasalbe und Olbas haben sich ebenfalls bewährt.

TIPP

Gönnen Sie sich ein Entspannungsbad! Aus 20 ml Lavendelöl, 10 ml Melissenöl, 2–3 ml Baldrianöl, 4–5 ml Fenchelöl und 20 ml LV 1 (Lösungsvermittler aus der Apotheke) mischen Sie im Handumdrehen Ihre eigene wohltuende Badeessenz.

5.Monat
Zarte Signale

Gutes wächst umso üppiger,
je mehr es geteilt wird.
John Milton

Ab dem fünften Monat wird es spürbar lebendig in Ihrem Bauch: Ihr Baby beginnt jetzt kräftig zu treten, zu strampeln und zu turnen. Nun ist es so groß und kräftig, dass Sie seine Bewegungen auch spüren. Ein überwältigendes Gefühl! Bei der zweiten oder dritten Schwangerschaft merkt die werdende Mutter oft schon in der 16. bis 18. Woche, wenn ihr Kind sich bewegt. Schließlich weiß sie schon genau, worauf sie achten muss.

Aus den ersten zarten Signalen werden mit der Zeit energische Botschaften. Das kann das Baby schon prima, und es legt die ganze Kraft seines fast 500 Gramm schweren Körperchens hinein. Horchen Sie einfach vermehrt in sich hinein, und Sie lernen rasch die kleinen Unterschiede kennen! Sollten Sie dann irgendwann ein rhythmisches Klopfen bemerken, hat Ihr Kind wahrscheinlich einen Schluckauf. Das ist aber kein Grund zur Sorge, auch wenn er bis zu einer halben Stunde andauert. Alles bekommen Sie aber dennoch nicht mit: Nur etwa fünf Prozent der Kindsbewegungen werden auch tatsächlich von der Mutter registriert.

Ihr Baby ist nun übrigens fast 30 Zentimeter lang, und es wird langsam, aber sicher von einer weißen, cremeartigen Schutzschicht umhüllt. Diese so genannte Käseschmiere sorgt dafür, dass die sehr empfindliche Babyhaut nicht durch das Fruchtwasser aufgeweicht wird. Bei der Geburt dient sie schließlich als Gleitmittel. Allerdings löst sich die Käseschmiere vor der Entbindung teilweise ab. Der Arzt erkennt das bei den Ultraschalluntersuchungen an den kleinen Flocken, die im Fruchtwasser herumschwimmen.

Besonders in Ruhephasen nuckelt manches Ungeborene am Däumchen oder leckt an den Fingernägeln, die bereits ausgebildet sind. Der Herzschlag ist so laut geworden, dass Sie ihn mit bloßem Ohr hören können, wenn Ihr Baby günstig liegt. Funktionieren Sie einfach eine Papprolle zu einem Stethoskop um, und Sie hören das Herzchen pochen! Es schlägt übrigens deutlich schneller, wenn ein sehr helles Licht auf den Scheitel des Babys unter der Bauchdecke gerichtet wird. So fanden Mediziner heraus, dass das Ungeborene bereits jetzt zwischen hellem Licht und Dunkelheit unterscheiden kann.

Ab dem fünften Monat kann Ihr Kind auch seinen Papa wahrnehmen, denn nun kann es hören. Damit eröffnen sich ganz neue Möglichkeiten. Jetzt können Sie Ihrem Kind musikalische Streicheleinheiten geben. Sie können ihm ein Lied vorsingen, es mit klassischer Musik oder Kuschelrock verwöhnen, und Sie können ihm etwas erzählen. Ab diesem Zeitpunkt fühlt sich das Ungeborene allerdings auch von Krach genervt. Beispielsweise beobachteten Ärzte ein Kind in der 24. Woche bei einer Fruchtwasseruntersuchung. Es drehte sich zunächst weg, als es von der Nadel berührt wurde. Aber dann suchte es mit einem Arm nach der Nadel und schlug wiederholt darauf ein. Nicht schlecht, oder?

Zweifellos liebt das Ungeborene harmonische Klänge, vor allem wenn die Mutter singt. Unter Umständen erkennt Ihr Baby bestimmte Melodien nach der Geburt wieder, und es lässt sich mit den Liedern beruhigen, mit denen Sie es bereits während der Schwangerschaft in den Schlaf gesungen haben.

Sie selbst haben ungefähr vier Kilogramm zugenommen: Zu den 500 Gramm des Kindes kommen etwa 170 Gramm Plazenta sowie 350 Gramm Fruchtwasser. Außerdem vergrößern sich nun Brust und Brustwarzen, und wahrscheinlich verfärben sich auch die Warzenvorhöfe dunkler. Viele werdende Mütter klagen nun über eine sehr unregelmäßige Verdauung, da das Kind auf den Darmtrakt drückt. Begünstigt werden diese Beschwerden häufig durch die Einnahme von Eisenpräparaten.

TIPP

Bei Darmverstopfung hilft es, morgens ein Glas kaltes Wasser auf nüchternen Magen zu trinken. Vollkornprodukte gehören unbedingt auf den täglichen Speiseplan. Süßen Sie mit Milchzucker statt mit normalem Zucker!

6.Monat
Die Zeit des Sehens
und Fühlens

Ich kann vor keinem Abgrund dich bewahren
Hoch in die Wolken hängte Gott den Kranz.
Nur eines nimm von dem, was ich erfahren:
Wer du auch seist, nur eines – sei es ganz.

Mascha Kaléko

Langsam nimmt Ihr Baby runde Formen an: Es wiegt im sechsten Monat ungefähr 800 Gramm und ist etwa 35 Zentimeter groß. Die zuvor faltige und runzlige Haut wird jetzt rosig. Es bilden sich die ersten Fettpölsterchen, die Haut ist allerdings noch immer sehr dünn und wirkt fast durchsichtig.

Zu diesem Zeitpunkt entwickelt sich auch der Gaumen, und hinter den Milchzähnen entstehen die Zahnknospen für die bleibenden Zähne. Die Geschlechtsorgane werden sichtbar, Greifbewegungen werden trainiert und fleißig Schluckbewegungen geübt. Das Baby bewegt nun auch vorsichtig die Augenlider, und Ende des sechsten Monats öffnet und schließt es erstmals seine Augen. Es blickt sich genau um, denn bei Sonnenschein oder starkem Kunstlicht herrscht in der Gebärmutter keine totale Finsternis. Ein roter Schimmer dringt durch die Bauchdecke. Jetzt beginnt die Zeit, in der sich Ihr Baby an das Zusammenspiel von Sehen und Fühlen gewöhnt.

Allerdings ist der Mutterleib nicht gerade ideal, wenn es darum geht, das Sehvermögen zu entwickeln. Viel zu sehen gibt es in dem roten Schimmer nicht! Daher ist es nicht verwunderlich, dass das Baby nach der Geburt lediglich die Dinge klar und deutlich erkennt, die sich in einer Entfernung von 15 bis 30 Zentimeter vor seinem Gesichtsfeld bewegen. Aber das macht nichts: Junge Mütter achten instinktiv auf genau diesen Abstand und bleiben in greifbarer beziehungsweise sichtbarer Nähe.

Im sechsten Monat ist Ihr Kind so weit entwickelt, dass es eigentlich schon außerhalb des Mutterleibs leben könnte. Es ist ein kleiner fertiger Mensch! Dank der modernen Medizin haben Frühchen, die zu diesem Zeitpunkt geboren werden, tatsächlich eine Überlebenschance. Allerdings ist das Risiko hoch, dass Kinder, die nicht mindestens sieben Monate in der Gebärmutter heranreifen konnten, mit Entwicklungsstörungen aufwachsen.

Den meisten Frauen geht es ab dem sechsten Monat deutlich besser. Die bleierne Müdigkeit lässt nach, und anhaltende Übelkeit verschwindet ebenso wie lästige Hautunreinheiten. Nur die Verdauungsprobleme trägt die Frau weiter mit sich herum – übrigens ein Grund mehr, sich auch weiterhin vollwertig zu ernähren und sich viel zu bewegen! Übersehen werden kann die Schwangerschaft nun nicht mehr: Ihr Bauch ist deutlich gewölbt und wächst pro Woche mindestens weitere vier Zentimeter. Ihre Gebärmutter reicht nun schon fast bis zum Nabel. Kein Wunder, dass es langsam eng im Bauchraum wird! Magen, Darm, Nieren und Leber werden verdrängt, und obendrein drückt die Gebärmutter nun verstärkt auf die Harnblase. Ab jetzt müssen Sie noch häufiger auf Toilette.

TIPP

Schwangerschaftsstreifen können Sie mit regelmäßigen Zupfmassagen mit einem Körperöl oder einer fettreichen Körperlotion vorbeugen. Besonders verwöhnt werden sollte dabei die Nabelgegend, denn dort wird die Haut besonders gedehnt.

7. Monat
Erste
Fettpölsterchen

Gott konnte nicht überall sein,
deshalb schuf er Mütter.
Lew Wallace

Ihr Baby wiegt nun etwa 1500 Gramm, ist fast 40 Zentimeter lang und hätte eine gute Überlebenschance, wenn es bereits jetzt das Licht der Welt erblicken würde. Denn seine Entwicklung ist weitgehend abgeschlossen – es nimmt von nun an lediglich an Gewicht, Größe und an Kraft zu. Nicht unbedeutend sind dabei die Fettpölsterchen – schließlich muss das Baby bei der Entbindung einen Temperatursturz von 15 Grad überstehen. Im Bauch der Mutter genießt es immerhin wohlige 37 Grad. So gemütlich warm wird es nach der Geburt so schnell nicht wieder!

Noch nicht völlig ausgereift sind zu diesem Zeitpunkt die Atem- und Verdauungsorgane, und auch die Körpertemperatur kann Ihr Baby allein noch nicht konstant halten. Deswegen müssen Frühchen, die im siebten Monat geboren werden, vorerst noch in den Brutkasten.

Im Mutterleib kann Ihr Baby noch eine Weile seine Turnstunden fortsetzen. Es hat noch genügend Platz, um in der Fruchtblase Purzelbäume zu schlagen. Langeweile gibt es jedenfalls in dieser paradiesischen Badewanne nicht!

Immer öfter greift das Ungeborene jetzt auch nach der Nabelschnur. Psychologen spekulieren sogar, dass es mitunter gezielt die Nabelschnur abklemmt, um durch den auf diese Weise auftretenden Sauerstoffmangel seinen Bewusstseinszustand zu verändern. Ihr Kind hat jetzt auch schon einen festen Schlaf- und Wachrhythmus. Wenn es schläft, nimmt es seine Lieblingsstellung ein.

Im siebten Monat hat Ihr Bauch kräftig an Umfang zugenommen, und die Gebärmutter erstreckt sich jetzt bis über den Nabel. In der Regel haben Schwangere nun neun Kilo zugenommen – natürlich ist das nur ein Durchschnittswert –, und manche leiden verstärkt unter Rückenschmerzen. Durch die Gewichtszunahme, gepaart mit dem Druck auf die Blutgefäße im Unterleib, kann es außerdem zu Krampfadern in den Beinen kommen. Vermeiden können Sie dies, wenn Sie möglichst niemals lange Zeit stehen und viel mit erhöhten Beinen ruhen. Das bedeutet natürlich nicht, dass Sie von nun an passiv sein müssen. Bewegung hält Sie auch jetzt fit – vor allem Schwimmen bietet sich an.

TIPP

Beugen Sie Krampfadern vor! Besonders wirkungsvoll sind trockene Bürstenmassagen sowie Bürstenmassagen mit kaltem Wasser. Wichtig ist, dass die Anwendungen von den Füßen nach oben durchgeführt werden!

8. Monat
Rosige Zeiten

Sind so zarte Ohren
scharf – und ihr erlaubt –
darf man nicht zerbrüllen,
werden davon taub.
Bettina Wegner

Jetzt wird's langsam eng! Purzelbäume kann Ihr Baby längst nicht mehr schlagen, und großartige Turnübungen sind auch nicht mehr drin. Vielmehr kann es sich mit Mühe und Not noch zur Seite drehen. Ihr Baby nimmt aber noch weiter zu. Es ist rund und rosig, erreicht fast 2000 Gramm und ist ungefähr 40 Zentimeter lang. Die Gebärmutter wird nun vollständig ausgefüllt.

Hören kann Ihr Baby nun alles, und es nimmt an allem teil: Ihrem Herzschlag, Ihren Atemzügen, Ihrer Verdauung, Ihrem Magenknurren und natürlich auch an der Außenwelt. Wenn Sie mit Ihrem Baby sprechen, beginnt das kleine Herzchen zu pochen, und auf Lärm reagiert es mit Tritten. Selbst wenn die Käseschmiere sich in einer dicken Schicht über die Ohren legt, dringen all diese Geräusche zu dem Ungeborenen vor. Und diesen Geräuschemix scheint es beruhigend zu finden. Das haben sich die japanischen Ärzte längst zunutze gemacht: Auf den dortigen Entbindungsstationen werden Tag und Nacht Tonbänder abgespielt, die im Körper einer schwangeren Frau aufgenommen wurden. Dadurch fühlen sich die Säuglinge in die stressfreie Zeit vor ihrer Geburt zurückversetzt. Angeblich gibt es auf diesen Stationen keine schreienden Babys. Andere Kliniken setzen eine solche Geräuschkulisse nur dann ein, wenn ein Kind beruhigt werden soll. Hier befürchtet man, dass eine Dauerberieselung mit diesem gleich bleibenden Klanggemisch zu einer ausgeprägten Passivität der Kinder führen könne.

Da Ihr Kind im achten Monat keinen Platz mehr für die ausgiebigen Turnstunden hat, beginnt jetzt eine ruhigere Zeit. Statt viel herumzustrampeln, konzentriert sich das Baby auf die Verarbeitung des Erlernten und die Vorbereitung auf die bevorstehende Geburt. Jetzt lassen sich bei ihm auch die Gehirnströme messen, die sich im Schlaf- und im Wachrhythmus deutlich verändern. Und Ihr Baby schult sein immer besser werdendes Gedächtnis.

Mutter und Kind sind während all dieser Wochen zu einem eingespielten Team geworden. So haben sie sich in diesen gemeinsamen

Monaten auch dieselben Schlafgewohnheiten angeeignet. Frühaufsteherinnen bekommen in der Regel ein Baby, das bereits morgens putzmunter ist. Und Mütter, die lieber etwas länger im Bett bleiben, dürfen sich meist über kleine Langschläfer freuen. Das ideale Timing – oder das (fast) perfekte Paar!

Im achten Monat beginnt für die meisten werdenden Mütter eine beschwerliche Zeit. Bei allen möglichen und unmöglichen Dingen ist der eigene Bauch mit dem herausgewölbten Bauchnabel im Weg. Außerdem ist jede Bewegung mit erheblichen Anstrengungen verbunden. Kein Wunder, wenn Sie nun rasch ermüden! Das Atmen fällt auch zunehmend schwer, weil die erheblich vergrößerte Gebärmutter einen starken Druck auf den Brustkorb ausübt.

TIPP

Bereiten Sie Ihre Brustwarzen schon jetzt aufs Stillen vor! Empfehlenswert ist Abhärtung durch warme und kalte Waschungen. Nehmen Sie dazu einen möglichst rauen Frottélappen. Ebenfalls hilfreich: Schneiden Sie Löcher in den BH, damit die Kleidung ein wenig reibt, und machen Sie gezielt Gymnastik! Spezielle Übungen stärken die Brustmuskulatur, die Brust bekommt mehr Halt, und die Milchgänge werden nicht abgedrückt.

Spätestens jetzt sollten Sie sich darüber im Klaren sein, ob Sie zu Hause, in einem Geburtshaus oder in einer Klinik – ambulant oder stationär – entbinden möchten. Informieren Sie sich rechtzeitig, denn gute Hebammen sind früh ausgebucht! Die meisten Krankenhäuser und Hebammen in freien Praxen bieten übrigens Informationsabende an. Dann haben Sie die Gelegenheit, die Räumlichkeiten – und bei Hebammen die Person, die Sie betreuen wird – kennen zu lernen. Und natürlich sollten Sie auch jetzt schon Ihren Koffer gepackt haben – falls Sie in ein Geburtshaus oder in eine Klinik gehen wollen. Schließlich kann man ja nie wissen …

9. Monat
Endspurt

Wir Neugeborenen weinen, zu betreten
Die große Narrenbühne.
William Shakespeare

Ihr Baby macht sich fertig zum Ausgehen: Es nimmt noch einmal zu, bis sich die Fältchen und Runzeln geglättet haben und das Gesicht sein greisenhaftes Aussehen verliert. Außerdem fällt das Wollhaar aus, und die Haut färbt sich blassrot. Von durchscheinend kann nun keine Rede mehr sein. Und wenn es in der zu klein gewordenen Gebärmutter strampelt, zeichnen sich die Füßchen und die kleinen Fäuste deutlich unter der Bauchdecke ab. Außerdem kann das Baby tasten, hören, sehen und sogar riechen und schmecken. Zu diesem erstaunlichen Ergebnis kamen Wissenschaftler, indem sie dem Fruchtwasser eine süße Flüssigkeit zuführten. Das Baby, das zum Training von Magen, Nieren und Blase täglich bis zu drei Liter Fruchtwasser trinkt, reagierte auf den süßen Saft mit lebhaften Bewegungen. Ein bisschen Zucker ins Fruchtwasser, und schon verdoppelten sich die Schluckbewegungen.

Im Normalfall dreht sich Ihr Kind im neunten Monat langsam in seine endgültige Geburtsposition mit dem Kopf nach unten. Dabei tritt der Kopf innerhalb der gesenkten Gebärmutter ins kleine Becken ein, und das Baby kann sich nun kaum noch bewegen. 92 Prozent aller Babys liegen jetzt richtig. Der Endspurt kann beginnen! Ihr Baby wiegt nun schon ungefähr 2900 Gramm und ist rund 45 Zentimeter lang.

In den letzten Wochen hat sich Ihr Kind gut für die Zeit nach der Geburt gewappnet: Es hat aus Ihrem Blut zahlreiche Antikörper übernommen, die es in den ersten Lebenswochen vor all den Krankheiten schützen, die Sie bereits hatten oder gegen die Sie immun sind – wie zum Beispiel Masern, Mumps, Windpocken und Grippe.

In der Regel senkt sich im neunten Monat Ihr Bauch, und der Muttermund öffnet sich leicht durch die Senkwehen. Sie leiten allerdings nicht die Geburt ein, erleichtern Ihnen aber das Leben etwas. Denn durch die tiefer liegende Gebärmutter verringert sich der Druck auf den Magen sowie auf das Zwerchfell, und das Atmen fällt Ihnen nun wieder leichter. Für berufstätige Frauen beginnt jetzt auch der

Mutterschutz: Sie sind bei Weiterzahlung der Beträge sechs Wochen vor dem errechneten Geburtstermin und acht Wochen nach der Geburt von der Arbeit freigestellt. Und das ist auch dringend erforderlich, denn spätestens jetzt brauchen Sie viel Ruhe. Auch für Sie heißt es nun, sich auf die Geburt einzustellen. Eine einmalige Zeit neigt sich dem Ende zu.

10. Monat
Vorbereitung auf eine neue Welt

Alles hat seine Stunde: / Für jedes Geschehen unter dem Himmel gibt es eine bestimmte Zeit: / eine Zeit zum Gebären und eine Zeit zum Sterben, / eine Zeit zum Pflanzen und eine Zeit zum Abernten der Pflanzen, / ... eine Zeit zum Niederreißen und eine Zeit zum Bauen, / eine Zeit zum Weinen und eine Zeit zum Lachen ... *Buch Kohelet 3,1–2*

In den letzten Schwangerschaftswochen verlangsamt sich das Wachstum des Babys scheinbar. Der griechische Philosoph Hippokrates vermutete 600 Jahre v. Chr., dass es für die Plazenta zu groß geworden sei und die Nahrung langsam knapp würde. Daher müsse es sich nun zwischen gefährlichen Mangelerscheinungen im Uterus und der Geburt entscheiden. Wissenschaftler gehen heute allerdings von anderen Ursachen aus. Sie führen die Wachstumsverlangsamung vielmehr darauf zurück, dass sich die fötalen Gewebe nun auf die Spezialisierung ihrer Funktionen konzentrieren und auf die Anpassung an eine völlig neue Welt vorbereiten.

Während der gesamten Schwangerschaft sind die Lungen noch ohne Funktion, und die Sauerstoffversorgung erfolgt über die Plazenta direkt in den Blutkreislauf. In den Lungen befindet sich während dieser Zeit lediglich etwas Flüssigkeit. Mit der Geburt ändert sich dies schlagartig: Die Flüssigkeit wird durch den Geburtsvorgang aus der Lunge gepresst, und innerhalb weniger Minuten muss das Baby seine Lungen entfalten. Das Neugeborene kann dies nur bewältigen, weil es dafür in den letzten Wochen der Schwangerschaft systematisch trainiert hat. Schließlich führte es in periodischen Abständen Atemübungen durch. Natürlich ohne Luft, denn es schwamm ja noch im Fruchtwasser.

Ihr Baby wiegt im zehnten Monat immerhin schon zwischen 3000 und 4000 Gramm und misst 48 bis 54 Zentimeter. Und es ist bestens gerüstet für eine Welt voller Reize. Damit es auch schmecken kann, haben sich auf der Zunge und auf den Innenseiten der Wangen zahlreiche Geschmacksknospen gebildet, die nach der Geburt allerdings teilweise wieder verschwinden. Kein Wunder, dass Ihr Baby schon im Mutterleib seinen ganz eigenen Geschmack hat und viele, viele Vorlieben, aber auch manche Abneigung entwickelt.

Das Zweite: Konkurrenz im eigenen Heim

Das erste Kind genießt immer Exklusivrechte. Es ist ein kleiner König im eigenen Reich. Ein neugeborenes Geschwisterkind ändert alles. Es nimmt die Mutter viel zu lange in Beschlag, will ständig gefüttert, gewickelt und gebadet werden. Und zu allem Übel steht der Vater auch noch mit einem dümmlichen Grinsen an der Wiege und redet in Babysprache und obendrein noch mit verstellter Stimme liebevoll auf den kleinen Schreihals ein. Schon der Gedanke – schrecklich!

Eigentlich soll ein Baby für das erstgeborene Kind eine Bereicherung und ein Spielgefährte für später werden. Aber leider wird daraus allzu oft eine Konkurrenz um die Liebe und die Aufmerksamkeit der Eltern. Doch Eifersucht kann vorgebaut werden! Vorfreude auf ein Geschwisterchen kommt nur dann auf, wenn Kinder in die Schwangerschaft mit einbezogen werden. Wenn auch sie ihren Spaß bei Bauch- und Fingerspielen haben, Babysachen aussuchen dürfen und erfahren, wie groß das Baby in Mamas Bauch gerade ist, braucht kein Gefühl von Verlust oder Ausgeschlossen-Sein aufzukommen. Und wenn die Geschwister später das Baby wickeln und beim Baden oder Füttern helfen dürfen, wird der erste Keim von Zuneigung und Fürsorglichkeit gelegt. Natürlich spielt das Alter des Kindes eine entscheidende Rolle. Ab drei oder vier Jahren wünschen sich viele Kinder ohnehin sehnlichst ein Geschwisterchen. Besser gesagt: Sie wünschen sich entweder unbedingt einen Bruder oder unbedingt eine Schwester – alles andere muss auf jeden Fall umgetauscht oder zurückgeschickt werden. In diesem Alter können die Kinder die Schwangerschaft schon sehr gut miterleben.

Die Eltern sollten sich jedoch vor falschen Versprechungen hüten: Wer seinem älteren Kind erzählt, es könne schon bald mit dem Baby spielen, der weckt falsche Erwartungen. Denn zunächst kann das Kind herzlich wenig mit einem Säugling anfangen – es muss sogar noch Rücksicht nehmen. Wenn das Baby schläft, darf es nicht toben und nicht schreien. Und wenn das Kleine gestillt wird, will die Mutter ihre Ruhe haben. Versuchen Sie, in solchen Fällen dem größeren Kind zu zeigen, dass Sie es besonders ernst nehmen, indem Sie ihm alles möglichst genau erklären. Immer im Rahmen dessen, was es verstehen kann! Erklären Sie auch, dass die Mama zur Geburt ins Krankenhaus muss und dort einige Tage bleiben wird.

TIPP

Krempeln Sie die Tagesordnung nicht völlig um! Wenn Ihr Baby schreit und Ihr größeres Kind Sie zur selben Zeit etwas fragt, dann gehen Sie zunächst auf die Belange des Erstgeborenen ein. Auf diese Weise entschärfen Sie den vermeintlichen Konkurrenzkampf! Und: Ein neuer Babysitter, der Kindergarten-, Schuleintritt oder andere Veränderungen sollten entweder lange vorher oder später angegangen werden. Ihr Erstgeborenes hat sonst erst recht das Gefühl, die Zuwendung der Mutter entzogen zu bekommen.

Einige ältere Kinder fallen wieder in ihr Babyverhalten zurück, wenn das Geschwisterchen da ist. Sie holen den abgelegten Schnuller wieder hervor, lutschen am Daumen, wollen wieder an der Brust trinken, brauchen plötzlich wieder Windeln oder nässen ein. Vorwürfe helfen in solchen Fällen wenig. Vielmehr sollten Sie Ihrem Kind erklären, wie stolz Sie darauf sind, dass es schon so groß und so selbständig ist. Verzweifeln Sie nicht, wenn die Probleme anhalten. Die Zeit arbeitet für Sie! Denn je größer das Baby wird, desto mehr kann das ältere Kind mit ihm anfangen. Sobald die beiden entdecken, dass sie sich abends vorm Schlafengehen gegen die Übermacht der Eltern verbünden und so manche Minute herausschinden können, ist das Schlimmste überstanden.

Die Geburt
Der große Moment

Es ist unmöglich, sagt die Angst.
Es übersteigt meine Kraft.
Es ist eine Zumutung.
Ich bin auch nur ein Mensch.
Das schaffe ich nie.
Ich kann's, sagt die Liebe.

Sabine Naegeli

Bis heute weiß man nicht genau, was nun die Geburt wirklich auslöst. Eine wichtige Rolle wird den Botenstoffen zugeschrieben, die in der Plazenta und den Eihäuten gebildet werden. Mit diesen so genannten Tytokinen wird die Gebärmutter kurz vor dem großen Augenblick geradezu überschwemmt. Außerdem steuern die Hormone Östrogen, Progesteron, Prostaglandin und Oxytocine die Geburt. In einem perfekten Zusammenspiel helfen sie dem Kind, auf die Welt zu kommen.

Aber auch Ihr Kind hat ein entscheidendes Wörtchen mitzureden: Die Mechanismen, die den Zeitablauf einer normalen Geburt bestimmen, werden in seinem Gehirn gesteuert. Das Baby wird Sie spüren lassen, wann es so weit ist. Sie brauchen also keine Angst zu haben, den Beginn der Geburt zu verpassen. Diese Signale können gar nicht übersehen oder überhört werden!

Anzeichen für die Geburt:

Eine leichte Blutung tritt ein. Sie entsteht durch das Lösen des Schleimpfropfens, der den Muttermund während der Schwangerschaft fest verschließt. Unter Umständen kann es aber noch ein bis zwei Tage dauern, bis die eigentliche Geburt beginnt.

Die Fruchtblase reißt oder platzt. Dadurch verlieren Sie das Fruchtwasser tröpfchenweise oder in einem Schwall. Nun wird Ihr Baby nicht mehr von einer keimfreien Hülle umgeben, und daher muss die Geburt innerhalb der nächsten 24 Stunden erfolgen. Lassen Sie sich in einem solchen Fall umgehend in die Klinik bringen, und bewegen Sie sich bis dahin möglichst wenig. Nichts heben oder tragen!

Ihr Bauch wird in regelmäßigen Abständen hart, und Sie spüren im Rücken oder im Unterleib ein deutliches Ziehen. Mit diesen Kontraktionen beginnt die Gebärmutter sich langsam zu öffnen. Diese Wehen treten zunächst in größeren Abständen, später etwa alle zehn Minuten und dann alle zwei bis drei Minuten auf. Allerdings tragen nur Kontraktionen, die länger als 30 Sekunden andauern, zur Öffnung des Muttermundes bei.

Geburtsphasen

In der ersten Phase der Geburt, in der sich der Muttermund langsam öffnet, sollten Sie sich bewegen. Gehen Sie mit Ihrem Partner im Krankenhaus langsam auf und ab, denn auf diese Weise fördern Sie die Wehentätigkeit. Ihr Arzt oder Ihre Hebamme wird dabei die Herztöne des Babys, die Wehenstärke und die Öffnung des Muttermundes in regelmäßigen Abständen überwachen. Den ersten Teil der Geburt haben Sie überstanden, wenn der Muttermund vollständig geöffnet ist.

In der zweiten Geburtsphase wird der Kopf weiter nach unten durch die Scheide geschoben, und die Wehen kommen heftig und in kurzen Abständen. Die Austreibung beginnt, und Sie können von diesem Zeitpunkt an aktiv mitpressen. Kurz bevor der Kopf des Kindes durch die Scheidenöffnung tritt, dürfen Sie eine kurzen Augenblick nicht mehr pressen. Dadurch wird die Gefahr verringert, dass der Druck auf den Kopf des Babys zu groß wird und das Dammgewebe einreißt.

Wenn der Kopf geboren ist, haben Sie den größten Teil der Geburtsarbeit hinter sich. Die meisten Frauen brauchen nur noch zwei bis drei Presswehen, bis ihr Kind vollständig herausgleitet. Direkt danach wird Ihnen zum allererersten Mal Ihr Kind auf den Bauch gelegt – ein einzigartiger Augenblick! Sobald dann die Nabelschnur auspulsiert hat, wird sie von der Hebamme oder auf Wunsch auch von Ihrem Partner durchtrennt.

Nach knapp 30 Minuten beginnt die letzte Phase: Die Nachwehen kommen, und die Plazenta wird ausgestoßen. Jetzt haben Sie es endlich geschafft!

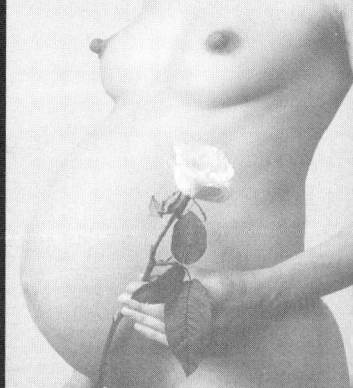

Schmusestunden m

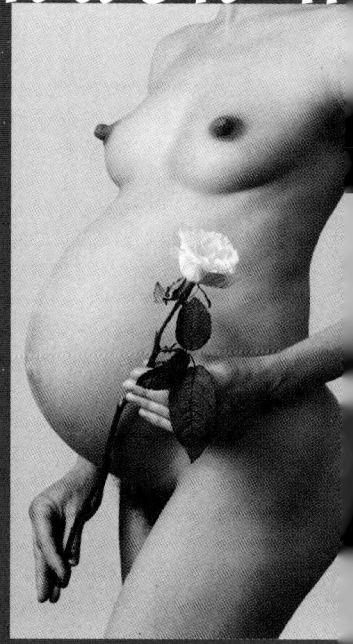

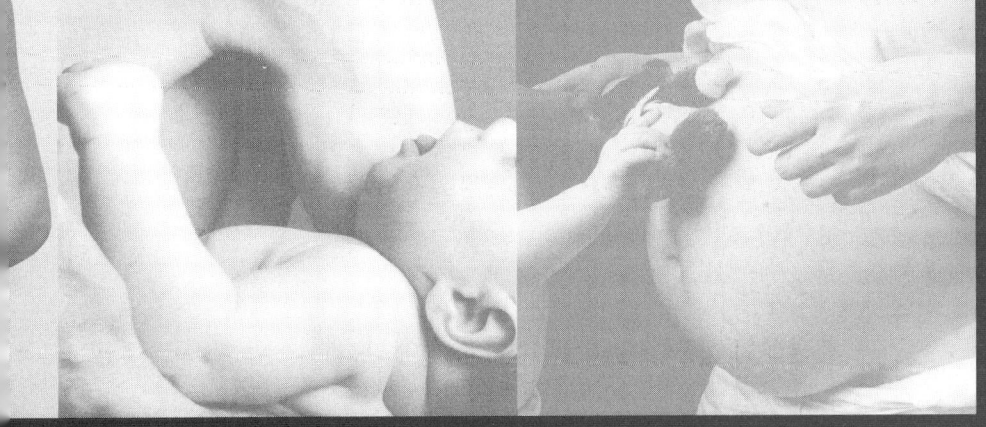

t dem Ungeborenen

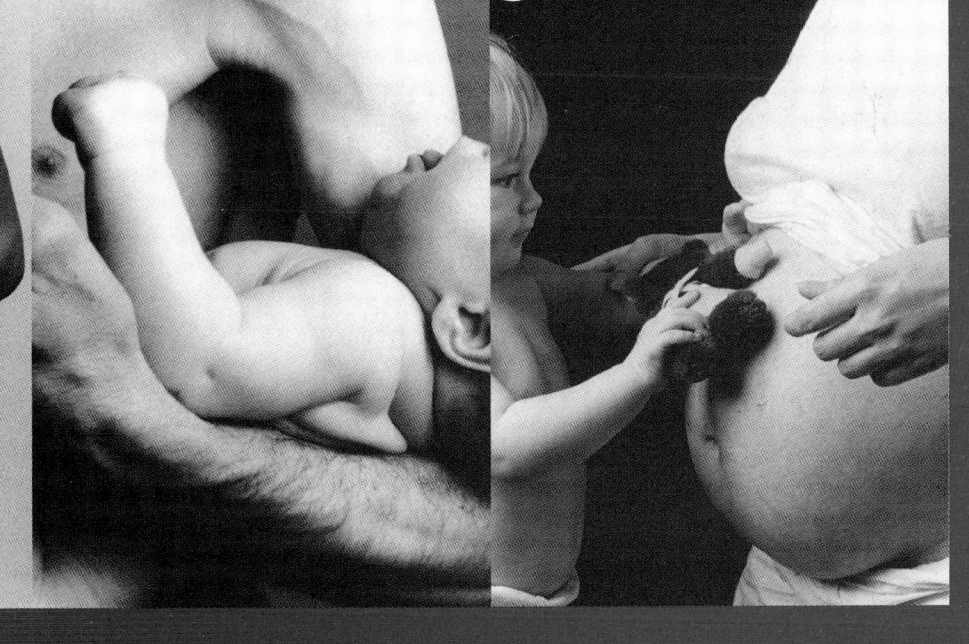

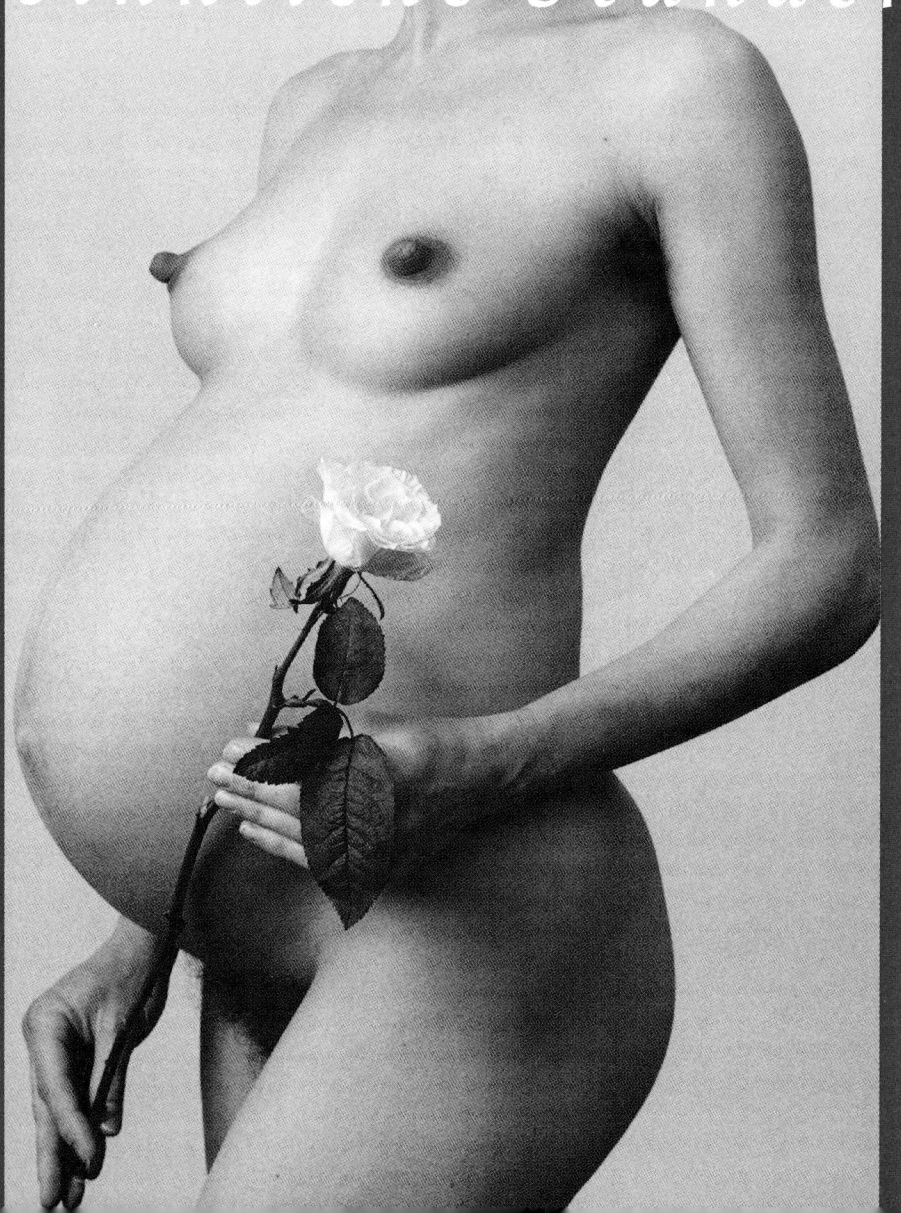

Poesie für
besinnliche Stunden

Worte voller Zuneigung und Liebe knüpfen das Band zwischen Ihnen und Ihrem Baby lange vor der Geburt. Genießen Sie diese Monate, denn sie kommen nie wieder. Und gönnen Sie sich und Ihrem Baby besinnliche Stunden. Dazu brauchen Sie vor allen Dingen viel Zeit, vielleicht einen Schaukelstuhl und am besten noch leise Musik.

Legen Sie die Hände sanft auf den gewölbten Bauch, und krönen Sie Ihre besinnliche Stunde mit etwas Poesie.
    Ich möchte Ihnen hier einige Verse zum Nachsprechen und einige kleine Lieder vorschlagen. Streicheln Sie dabei sanft das Kind in Ihrem Bauch, und natürlich sind auch die Hände des Vaters und der Geschwister herzlich willkommen!

Vor dem Einschlafen

Schlaf, Kindchen schlaf.
Dein Vater hüt die Schaf.
Die Mutter schüttelt's Bäumelein
da fällt herab ein Träumelein.
Schlaf, Kindchen schlaf!
(Volksweise, Text aus: «Des Knaben Wunderhorn»)

Schlaf, mein kleines Mäuschen,
schlaf bis morgen früh,
bis der Hahn im Häuschen
ruft sein Kikeriki.

Wenn wir beide schlafen ein,
wachen auf die Sterne,
und es steigen Engelein
nieder aus der Ferne,
halten wohl die ganze Nacht
bei uns beiden treue Wacht.

Weißt du, wie viel Sternlein stehen
an dem blauen Himmelszelt?
Weißt du, wie viel Wolken gehen
weithin über alle Welt?
Gott der Herr hat sie gezählet,
dass ihm auch nicht eines fehlet
an der ganzen großen Zahl,
an der ganzen großen Zahl.
(Volksweise, Text: Wilhelm Hey, 1789–1854)

Kleine Muntermacher

Bei diesen Guten-Morgen-Versen können Sie mit den Fingern locker über den Bauch wandern. Damit beginnt der Tag garantiert ein kleines bisschen schöner! Und mit etwas Zeit und schöner Musik können Sie mit Ihrem Baby tanzen. Denn Musik hat einen großen Einfluss auf Körper und Seele. Sie verändert beispielsweise den Rhythmus des Herzschlags, die Atmung, die Hormonproduktion und die Gehirnaktivitäten. Sehr melodische Lieder helfen Ihnen übrigens dabei, sich mit Ihrem Partner aufeinander einzuschwingen. Das hilft ebenso wie Massagen bei Verspannungen und Stress. Nach der Geburt bietet es sich an, mit Musik gleich morgens Ihre tägliche Rückbildungsgymnastik zu absolvieren. Tanzen Sie mit Ihrem Baby an der Schulter, lassen Sie Ihr Becken rhythmisch kreisen und Ihr Kind dabei die Bewegungen Ihres Körpers spüren.

Guten Morgen,
ein neuer Tag beginnt!
Da freuen wir uns beide,
weil wir zusammen sind!
Elsbeth Friemer

Der Vogel singt, die Katze schnurrt:
Guten Morgen, guten Morgen!
Die Taube auf dem Dache gurrt:
Guten Morgen, guten Morgen!
(überliefert)

Es tanzt der Bi-Ba-Butzemann
in unserm Haus herum.
Er rüttelt sich, er schüttelt sich,
er wirft sein Säcklein hinter sich.
Es tanzt der Bi-Ba-Butzemann
in unserm Haus herum.
(überliefert)

Häschen in der Grube,
saß und schlief, saß und schlief.
Armes Häschen bist du krank,
dass du nicht mehr hüpfen kannst?
Häschen hüpf,
Häschen hüpf,
Häschen hüpf.
(überliefert)

Brüderchen, komm tanz mit mir,
beide Hände reich ich dir.
Einmal hin, einmal her,
rundherum, das ist nicht schwer.
Mit den Händen klipp, klapp, klapp,
mit den Füßen tripp, tripp, trapp.
Einmal hin, einmal her,
rundherum, das ist nicht schwer.
(Volksweise)

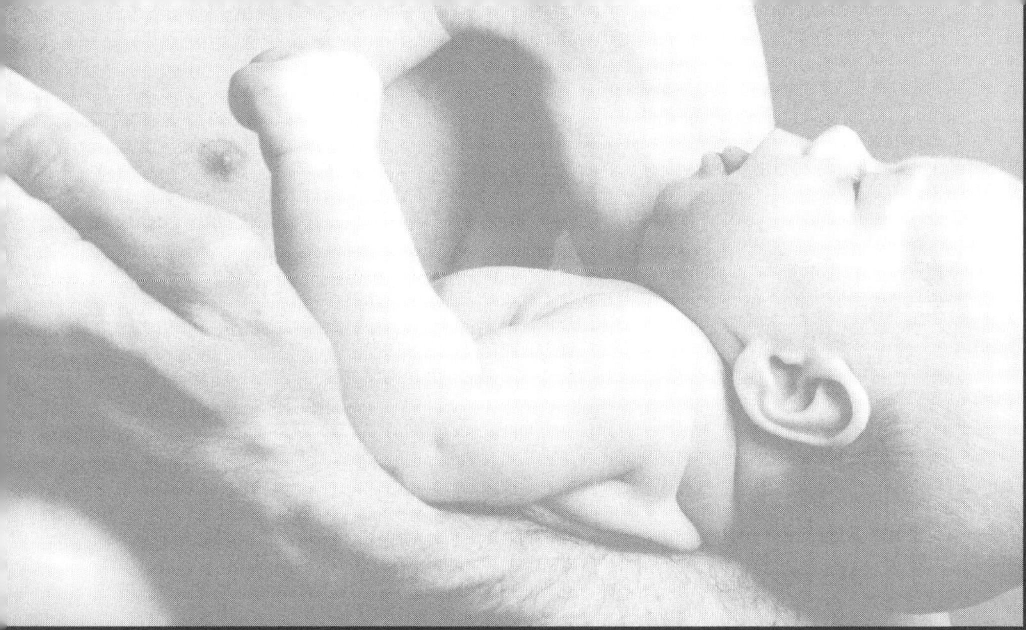

Schöne Momente
zu zweit

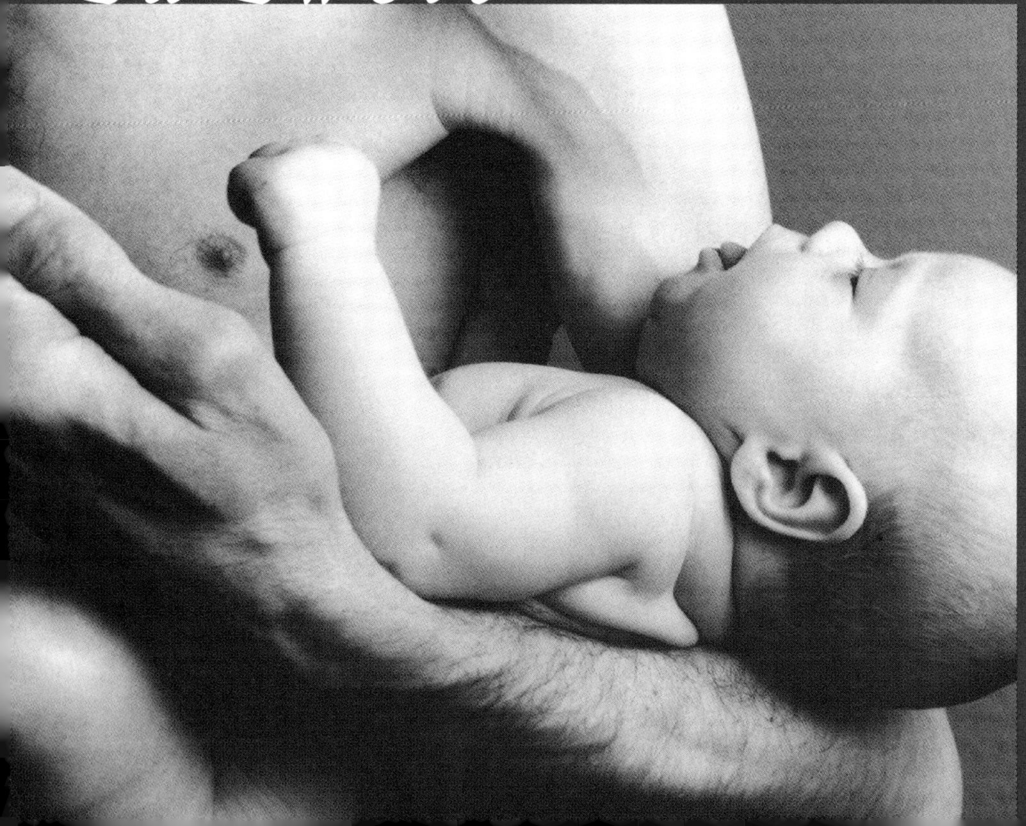

Wenn Sie mit Ihrem Baby im Bauch einen zärtlichen Dialog beginnen wollen, dann sind die folgenden kleinen Verse die richtige Anregung – vielleicht auch, um beim nächsten Mal mit einem eigenen Text einzusteigen?

Und dann funktionieren die meisten Texte ja auch für das größere Geschwisterkind, das jetzt immer mal wieder fragt, wann denn das Kleine aus dem Bauch kommt. Oder einfach auch ein bisschen Liebe und Zärtlichkeit bekommen möchte …

Zwei Tauben auf dem Dach,
die lieb ich so sehr.
Und dich, kleines Mäuschen,
dich lieb ich noch viel mehr!

Der braune Bär lebt in Sibirien,
in Afrika, da haust das Gnu,
das schwarze Schwein lebt auf Sizilien,
in meinem Herzen haust nur du!

So wie die Sonne die Berge bemalt,
so schön sei dein Leben mit Freuden bestrahlt.
Kein ängstlicher Kummer, kein quälender Schmerz
betrübe dein zartes, noch harmloses Herz.

So viel in dir die Liebe wächst,
so viel wächst die Schönheit in dir.
Denn die Liebe ist die Schönheit der Seele.

Ein Häuschen aus Zucker,
aus Zimt die Tür,
den Riegel aus Bratwurst,
das wünsche ich dir.

Lachendes Leben blüh dir entgegen,
lachendes Glück kehr bei dir ein.
Freude sei mit dir auf allen Wegen,
lachender Frühling und Sonnenschein.

Eine kleine Dickmadam
fuhr mal mit der Eisenbahn.
Eisenbahn, die krachte,
Dickmadam, die lachte.
Lachte, bis der Schutzmann kam
und sie mit zur Wache nahm.
(überliefert)

Ein Seehund lag am Meeresstrand,
wusch sich die Schnauze im weißen Sand.
Oh, möchte doch dein Herz so rein
wie diese Seehundschnauze sein.

Das ist der Luftballon,
das ist die Nadel.
Die Nadel sagt zum Luftballon:
«Du bist rund, und ich bin spitz,
jetzt machen wir zwei einen kleinen Witz.
Jetzt machen wir zwei einen Schnederegpengpeng.
Ich mach pieks,
und du machst peng!»

Zum Trösten

Wer erinnert sich nicht gern an die Wunder, die Mutter oder Vater mit kleinen Versen und Liedern bei aufgeschlagenen Knien, eingeklemmten Fingern, kleinen Splittern oder großen Beulen vollbringen konnten? Und das Schöne dabei: Auch heute funktionieren dieselben Texte immer noch. Ein Spruch – und schon ist der Schmerz viel kleiner oder sogar regelrecht weggepustet!

Heile, heile Segen,
drei Tage Regen,
drei Tage geht der Wind,
heile, heile, liebes Kind,
den Schmerz pust ich dir weg geschwind.
Pust, pust.
(überliefert)

Heile, heile Gänschen,
das Kätzchen hat ein Schwänzchen.
Heile, heile Mäusespeck,
morgen früh ist alles weg!
(überliefert)

Wo tut es weh?
Hol ein bisschen Schnee,
hol ein bisschen kühlen Wind,
dann vergeht es ganz geschwind!
(überliefert)

Denkt euch nur, der Frosch ist krank!
Liegt nur auf der Gartenbank,
quakt nicht mehr, wer weiß wie lang,
ach, wie fehlt mir sein Gesang!
Denkt euch nur, der Frosch ist krank!

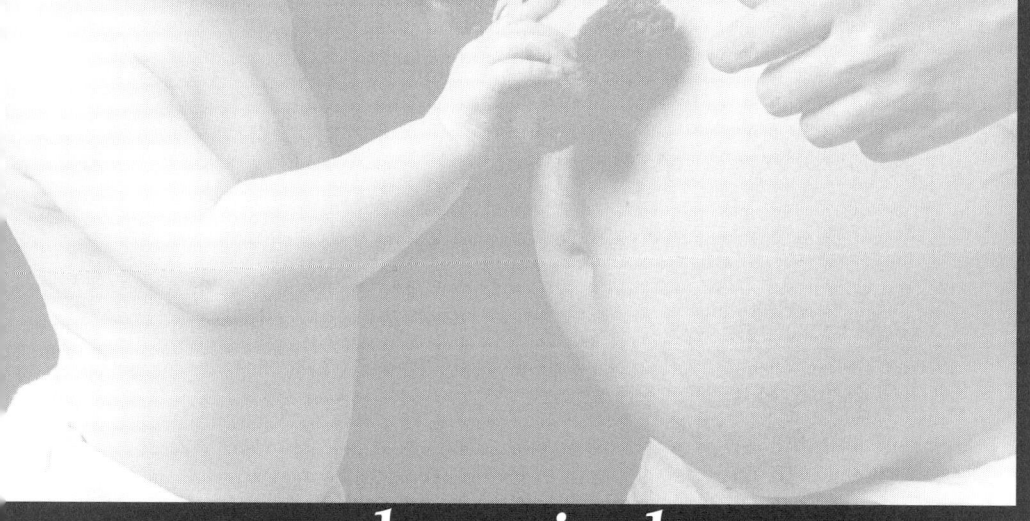

Bauchspiele

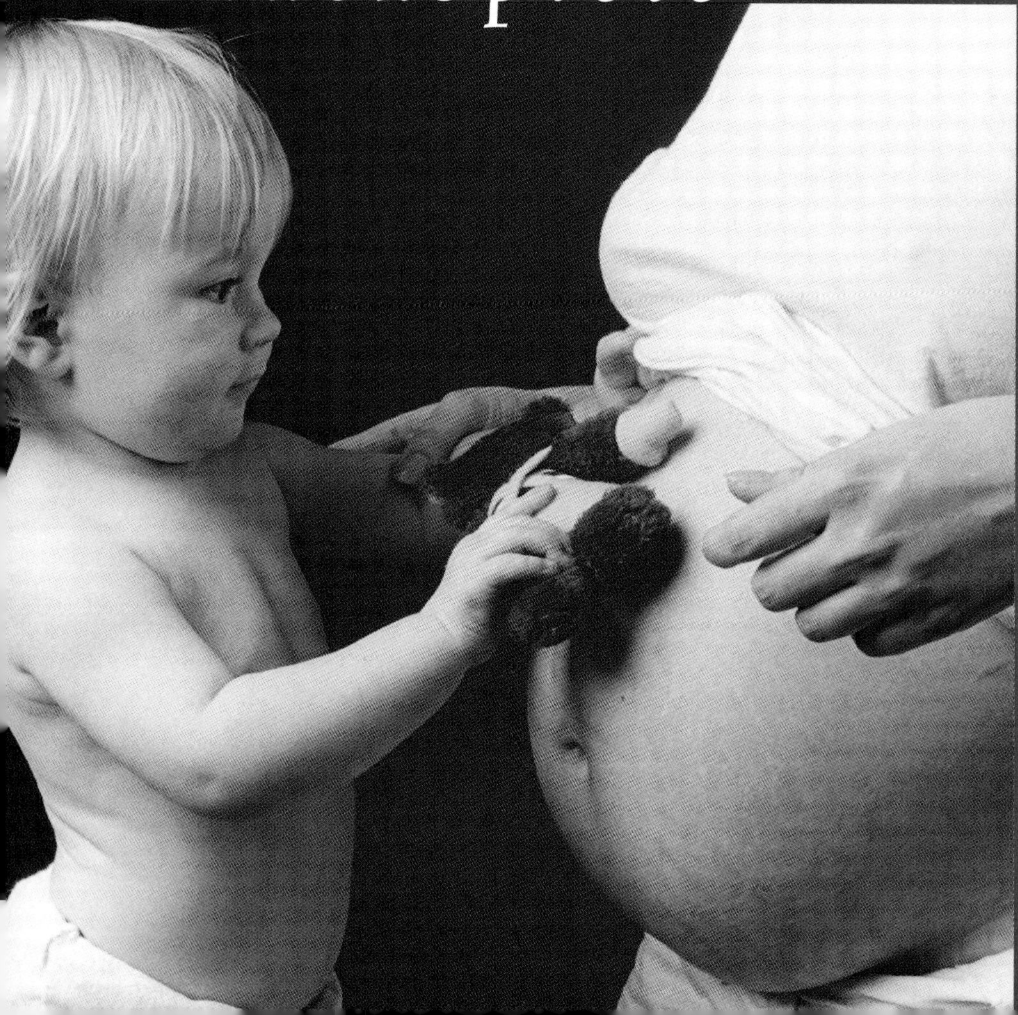

Wenn sich der Bauch beginnt zu runden, dann wird die straffe Haut zum Spielplatz für Mutter (und Vater und Geschwister) und Ungeborenes.

Badespiele

Im Badewasser fühlen Sie sich wunderbar leicht, auch bei fortgeschrittener Schwangerschaft. Umso leichter fällt es Ihnen dann auch, mit dem Baby zu spielen. Und das Kleine fühlt ganz sicher die anregende Umgebung, die der seinen im Fruchtwasser so ähnlich ist.

Gluck, gluck, gluck – mein U-Boot,
kommt niemals in Seenot.
Gluck, gluck, gluck, wenn Stürme stürmen,
kann ich mit dem U-Boot türmen,
machen mir die Wellen Angst und Bang,
tauch ich 17 Stunden lang,
tauch ich 17 Stunden lang.
Gluck, gluck, gluck, mein U-Boot,
kommt niemals in Seenot.
Gluck, gluck, gluck, durch das tiefe Meer
schwimmen Fische hin und her,
schwimmen Fische hin und her,
kleine und ganz dicke,
bunte und auch schicke.

Strecken Sie sich zunächst wohlig im warmen Badewasser aus. Während der ersten Strophe machen Sie dann ein Hohlkreuz und wippen mit dem Po auf und ab, damit Wellen entstehen. Versuchen Sie dabei noch kräftig zu pusten, denn so haben Sie fast einen richtigen Sturm. Zum Schluss tauchen Sie Ihr U-Boot unter Wasser.
Die zweite Strophe beginnen Sie wie die erste. Anschließend lassen Sie Ihre Finger wie große und kleine Fische mal schnell und mal langsam über den Bauch oder an ihm vorbeihuschen.

Punkt, Punkt, Komma, Strich
Punkt, Punkt, Komma, Strich,
fertig ist das Mondgesicht!
Der Mond ist rund, der Mond ist rund,
er hat zwei Augen, Nas' und Mund.
(überliefert)

Dieses Spiel eignet sich besonders für die schönen Momente nach dem Bad oder nach der täglichen Körperpflege. Nehmen Sie einfach eine Creme oder Körperlotion, und malen Sie zu den ersten beiden Zeilen ein Gesicht auf Ihren Bauch. Anschließend wird die Creme mit kreisenden Bewegungen verrieben. Sprechen Sie dazu die beiden letzten Zeilen des Reimes. Zum Abschluss können Sie dann noch einmal mit einem Finger ein Mondgesicht auf den Bauch tupfen.

Ihr Mann oder Ihr Erstgeborenes werden gerne als Maler unterstützen.

Komm, wir bauen uns ein Zelt!
Sitzen warm, wenn Regen fällt,
du und ich sind ganz vereint,
warten bis die Sonne scheint.

Legen Sie sich bequem ins Badewasser – so, dass Ihr Bauch noch rausguckt. Bilden Sie mit Ihren Händen ein Zelt auf dem Bauch, und lassen Sie es dann mit den Fingern sanft auf den Bauch regnen. Oder die Dusche lässt tatsächlich ein paar Tropfen herabregnen. Anschließend legen Sie sich entspannt zurück und sagen zu Ihrem Baby: «Wie schön, dass wir beide gemeinsam unter dem Zeltdach liegen – geschützt und schön kuschelig.»

Lustige Reimspiele
(mit älteren Geschwistern)

Machen Sie dem Kind die Bewegungen vor und lassen Sie es dann selbst mit dem Baby im Bauch spielen.

Eine kleine Fliege summt
auf und ab im Zimmer,
brummt und summt und summt und brummt,
hin und her geht's immer.
Plötzlich sitzt sie still und stumm
auf der Blumenvase,
und dann fliegt sie mit Gebrumm
dir grad auf die Nase!

Streichen Sie mit dem Zeigefinger in kreisenden Bewegungen über den Bauch. Dann formen Sie mit einer Hand eine lockere Faust. Sie stellt eine Vase dar. Zum Schluss tippt der Zeigefinger auf die Stelle des Bauches, an der Sie das Köpfchen Ihres Babys vermuten.

Katzen können Mäuse fangen,
haben Krallen wie die Zangen,
schlüpfen durch die Bodenlöcher,
auch zuweilen auf die Dächer.
Mäuschen mit dem Ringelschwänzchen
machen auf dem Dach ein Tänzchen.
Leise, leise kommt die Katz,
hat sie all auf einen Satz.

Tippeln Sie mit den Fingern einer Hand über Ihren Bauch, verstecken Sie sie kurz hinter dem Rücken, um dann gemeinsam mit den Fingern der zweiten Hand auf Ihrem Bauch zu tanzen. Zum Schluss werden sie von der Katzenhand (Geschwisterchen) gefangen.

In unserem Häuschen
sind schrecklich viele Mäuschen,
sie trippeln und trappeln,
sie zippeln und zappeln,
sie stehlen und naschen,
und will man sie haschen –
husch, sind sie weg!

Hofmann v. Fallersleben

**Alle zehn Finger laufen aufgeregt auf Ihrem Bauch hin und her.
Bei «husch» verschwinden die Hände hinter dem Rücken, und das Spiel
beginnt wieder von vorn.**

Es wohnt ein kleines Bübchen
in einem kleinen Haus.
Und – eins, zwei drei – durchs Stübchen
läuft eine kleine Maus.
Das Bübchen kommt gegangen,
es rennt die kleine Maus.
Das Bübchen will sie fangen –
da schlüpft sie schnell hinaus!

Als Dickedaum geh ich durchs Land.
Als Zeigefinger bin ich bekannt.
Hier kommt der Mittelfinger an.
Der Ringleinfinger folgt sodann.
Zuletzt, da kommt so zart und fein
der lustigste, der Klitzeklein.

**Bei diesem lustigen Reimspiel tippt ein Finger nach dem anderen auf Ihren
Bauch.**

Ich bin der Herr Pastor
und predige euch was vor.
Von Maria Zwiebel
und der dicken Bibel.
Und wenn ich nicht mehr weiterkann,
dann steck ich mir ein Pfeifchen an.

Fahren Sie sich mit Ihren Fingern über den Bauch, als würden Sie in einem dicken Buch lesen.

Das ist mein Häuschen.
Mein Häuschen ist nicht grade,
das find ich gar nicht schade!
Mein schiefes Häuschen ist doch schön,
du musst es nur genau besehn!
Hui, bläst da der Sturm hinein,
bautz, schon kracht mein Häuschen ein.
Fünf Freunde ham sich rangetraut
Und fest das Häuschen aufgebaut.
Jetzt kann der Sturm noch lange wehn,
mein schiefes Häuschen bleibt trotzdem stehn!
Raimund Pousset

Die Hände bilden ein Dach, und zum Schluss fallen sie scheinbar auf Ihren Bauch, um gleich wieder zu einem neuen Haus zu werden.

Hopp, hopp, hopp zu Pferde,
wir reiten um die Erde.
Die Sonne reitet hinterdrein.
Wie wird sie abends müde sein.
Hopp, hopp, hopp!
(überliefert)

Lassen Sie bei diesem Spiel Ihre Finger immer wieder über Ihren Bauch galoppieren.

Der Joghurt und der Quark,
die gingen in den Park.
Da sagt der Quark zum Joghurt
«Hey, kommst du mit nach Frankfurt?»
Da sagt der Joghurt zum Quark:
«Au ja, das find ich stark!
Au ja, das find ich stark!»

Bilden Sie mit beiden Händen jeweils eine lockere Faust für den Quark und für den Joghurtbecher, und wandern Sie damit über Ihren Bauch.

Rüsselreime

Für diese Spiele – eventuell mit Geschwistern – benötigen Sie einen kuscheligen Stoffelefanten! Zur Not tut's bestimmt auch ein anderes Plüschtier.

Wenn der Elefant in die Disco geht,
weißt du, wie er auf der Tanzfläche dreht?
Ganz gemütlich setzt er einen vor den anderen Schuh
und schwingt seinen Rüssel im Takt dazu.
Eins, zwei, drei und vier, der Elefant ruft:
«Komm und tanz mit mir!»,
fünf, sechs, sieben und acht,
und alle haben mitgemacht.
Klaus W. Hoffmann

Lassen Sie für dieses lustige Spiel den Elefant auf Ihrem Bauch tanzen. Das kitzelt Sie und macht auch Ihrem Baby viel, viel Spaß!

Ein Elefant wollte bummeln gehn,
sich die weite Welt ansehn.
Langsam setzt er Fuß vor Fuß,
denn er ist kein Omnibus!
Bald ist er nicht mehr allein,
alles trampelt hinterdrein.
Und schon singt das ganze Land
dieses Lied vom Elefant:
Ein Elefant wollte bummeln gehen …
(überliefert)

Der Stoffelefant setzt zunächst vorsichtig einen nach dem anderen seiner großen Füße voreinander (mit den Fingern bewegen), er trottet langsam über Ihren Bauch. Nach jeder Lieder-Runde wächst seine Begeisterung, und schon bald trampelt ein anderes Stofftier hinterdrein und noch eins und noch eins – denn dieses Lied kann endlos wiederholt werden. Dazu braucht es dann zusätzlich die Hände des Geschwisters und vielleicht von Papa, damit alle Tiere bewegt werden können.

Ein Elefant trottet ohne Hetz
ganz gemütlich durch ein Spinnennetz.
Findet diesen Weg hochinteressant,
sucht sich dazu noch einen Elefant.
Zwei Elefanten trotten ohne Hetz …

Hierbei trottet der Elefant auf Ihrem Bauch herum und sucht sich einen Freund. Er findet ihn bestimmt, oder? Wenn ein Geschwisterkind mitspielt, können Sie mit den Fingern Ihrer beiden Hände ein Spinnennetz bilden, das der Elefant zerreißt.

Fingerspiele

Fingerspiele kommen bei allen Kindern gut an. Beziehen Sie nicht nur Ihr Ungeborenes mit ein, sondern auch Ihren Sohn oder Ihre Tochter. So baut Ihr Kind bereits einen Kontakt zu dem Baby auf.

«Wo wohnt der Herr Doktor?»
Unterm Bauch beginnen und dann mit zwei Fingern ein Stück die «Treppe» hinaufklettern
«Eine Treppe höher!» –
ein Stückchen höher klettern . . .
«Wo wohnt der Herr Doktor?»
«Eine Treppe höher!» –
«Wo . . .»
«Eine Treppe . . .»
. . . bis Sie am oberen Bauch angekommen sind
. . . «Muss man klingeln oder klopfen?»
«Klingeln» steht für kitzeln, und «Klopfen» bedeutet sanft an die Bauchdecke klopfen. Dabei stellen Sie die Frage nach dem Doktor. Nach der Antwort Ihre Finger. Dann heißt es: «Muss man klingeln oder klopfen?» Die Antwort.

Fährt ein Schifflein übers Meer,
Handflächen aneinander legen, mit den Handkanten auf dem Bauch herumfahren
schaukelt hin und schaukelt her.
Kommt ein großer Sturm,
Stark pusten und dazu heulen
wirft das Schifflein um – bum!
Hände kippen um
(überliefert)

Große Uhren machen tick-tack, tick-tack,
kleine Uhren machen tick-tack, tick-tack,
und die Taschenuhren machen tick-tack, tick-tack!

Tippen Sie erst in großen und dann in immer kleiner werdenden Abständen mit Ihren Fingerspitzen auf den Bauch.

Hänschen, Stieglenzchen,
zieh mit mir aufs Dorf.
Da singen die Vögel,
da klappert der Storch,
da pfeift die Maus,
da tanzt die Laus,
da hüpfen die Flöhe
zum Fenster hinaus!
(überliefert)

Berühren Sie zunächst mit einem Finger und dann mit der Handkante Ihren Bauch. Anschließend pfeifen Sie, lassen fünf Finger auf dem Bauch tanzen und zum Schluss diese fünf Finger auf dem Bauch hüpfen.

Da kommt die Maus,
da kommt die Maus,
klingelingeling!
Ist der Herr zu Haus?
(überliefert)

Fahren Sie in kreisenden Bewegungen über Ihren Bauch und drücken Sie zum Schluss leicht auf Ihren Bauchnabel. Wenn ein Geschwister mitmacht, hält es seine offene Handfläche hin und wird gekitzelt.

Zehn Kinderlein, die laufen munter
trippel, trappel, die Treppe herunter,
Die Finger der linken, dann die der rechten Hand laufen die Arme («Treppen») hinunter
und auf der Straße in Reih und Glied
man tüchtig sie marschieren sieht,
Hände und Finger nebeneinander
Da kommt der Onkel, Doktor Fix:
Mit tiefer Stimme ankündigen
Knaben – Diener, Mädchen – Knicks.
«Knaben»: linke Hand aufrecht gestellt, «Mädchen»: rechte Hand mit den Fingerspitzen nach unten
Dann tanzen lustig sie herum,
und bums! Da fallen alle um.
Alle Finger fallen übereinander, bis sie flach auf dem Bauch liegen
(überliefert)

Kommt ein Mäuschen,
baut ein Häuschen, **(Dach aus beiden Händen bilden)**
kommt ein Mückchen,
baut ein Brückchen, **(Daumen auf den Bauch, die anderen Finger waagerecht aneinander)**
kommt ein Floh, **(Finger hüpft über den Bauch)**
der macht – so. **(Leicht in den Bauch zwicken)**
(überliefert)

Ich hab gefischt, ich hab gefischt,
ich hab die ganze Nacht gefischt
und keinen Fisch erwischt,
nur dich!
(überliefert)
Reiben Sie sich bei diesen Worten zärtlich über Ihren Bauch, und pieksen Sie leicht hinein.

Hopp, hopp, ho,
das Pferdchen frisst kein Stroh,
muss dem Pferdchen Hafer kaufen,
dass es kann im Trabe laufen.
Hopp, hopp, ho,
Pferdchen frisst kein Stroh.

Galoppieren Sie bei diesem Reim mit den Fingern über Ihren Bauch.

Hoppe, hoppe, Reiter,
wenn er fällt, dann schreit er.
Fällt er in den Graben,
fressen ihn die Raben.
Fällt er in den Sumpf,
macht der Reiter plumps!
(überliefert)

Galoppieren Sie mit den Fingern über Ihren Bauch, auf den Sie zum Schluss des Reimes die flache Hand legen.

Schicke, schacke, Reiterpferd,
Pferd ist nicht drei Pfennig wert,
alle kleinen Kindchen
reiten gern auf Füllchen.
Wenn sie größer werden,
reiten sie auf Pferden.
Läuft das Pferdchen tripp, tripp, trapp,
fällt der kleine Reiter ab.
(überliefert)

Zuerst bewegen sich die Finger ganz unregelmäßig, weil das «Füllchen» (Fohlen) noch ungelenk in der Luft umherspringt. Dann galoppieren Sie mit den Fingern über Ihren Bauch, auf den Sie zum Schluss die flache Hand legen.

Zicke, zacke, Häschen,
Mutter, gib mir 'n Käschen.
Mutter, gib mir 'n Butterbrot,
ach, das schmeckt doch gar so gut!
(überliefert)

Fahren Sie sich mit beiden Händen über Ihren Bauch, als wenn Ihnen etwas besonders gut schmecken würde.

Bim-bam, Glöckchen!
Da oben steht ein Stöckchen,
da oben steht ein Schilderhaus,
da gucken drei kleine Mädchen raus.
Das erste heißt Mariechen,
das zweite heißt Sophiechen,
das dritte schließt den Himmel auf,
lässt die liebe Sonne raus.
(überliefert)

Tippen Sie sich mit zwei Fingern auf den Bauch, und umkreisen Sie ihn zum Schluss einmal mit der Handfläche.

Ein Elefant geht trab, trab, trab,
auf meinem Bauch jetzt auf und ab.
Mittelfinger ist der Rüssel, die anderen laufen
Nun kommt ein großer brauner Bär,
der springt gar lustig hin und her.
Finger der anderen Hand wölben und mit der ganzen Hand springen
Da läuft ein Pferdchen im Galopp
über meine Knie hopp, hopp, hopp.
Vier Finger galoppieren
Ein Hündlein kommt und bellt: Wau, wau,
ich kann springen, schau, schau, schau!
Finger der anderen Hand klappen auf und zu, und Sie bellen

Die Katze schleicht auf leisen Sohlen,
sie will sich doch ein Mäuschen holen.
Finger der linken Hand flach auf dem Bauch vorwärts bewegen
Das Mäuschen aber schlüpft ins Haus,
**Finger der rechten Hand zur Spitze formen und hinter dem Rücken
verschwinden lassen**
und das Fingerspiel ist aus.

Das ist der Daumen Doppeldick,
Mit dem Daumen wackeln
das sieht man auf den ersten Blick.
Und schließ ich meine Hand zur Faust,
schlüpft Doppeldick zurück ins Haus.
Raimund Pousset

Die beiden Däumchen Dick und Klein,
die stiegen in ein Schifflein ein.
Die Handflächen aneinander legen und die Daumen abspreizen
Das Schifflein fuhr aufs weite Meer,
da freuten sich die Däumchen sehr!
Mit den Daumen wackeln
Doch plötzlich kam der Wind daher,
und blies und blies aufs weite Meer!

Mit Brüderchen und Schwesterchen

Kinder lieben Reimspiele – sogar noch, wenn sie in der Schule sind. Also beziehen Sie Ihre Kinder ruhig mit ein, wenn Sie sich mit Ihrem Baby beschäftigen. Und für Eifersucht bleibt auch hierbei (fast) überhaupt keine Zeit mehr!

Zehn kleine Zappelmänner zappeln hin und her,
zehn kleinen Zappelmännern fällt das gar nicht schwer.
Zehn kleine Zappelmänner zappeln auf und nieder,
zehn kleine Zappelmänner tun das immer wieder.
Zehn kleine Zappelmänner zappeln ringsherum,
zehn kleine Zappelmänner sind ja gar nicht dumm.
Zehn kleine Zappelmänner rufen laut: «Hurra!»,
zehn kleine Zappelmänner sind jetzt nicht mehr da.
(überliefert)

Bei diesem Reimspiel laufen die Finger von links nach rechts über Ihren Bauch, dann von oben nach unten und schließlich rundherum. Zum Schluss werden sie hinter dem Rücken versteckt.

Der Daumen kreist umher
und fängt zu spielen an:
Daumen der rechten kitzelt die Innenfläche der linken Hand – usw.
Und wenn der Daumen nicht mehr kann,
dann fängt der Zeigefinger an.
Er kreist umher …
Mittelfinger und Ringfinger entsprechend
… dann fängt der kleine Finger an.
Die Hand, sie kreist umher
Und fängt zu patschen an.
In die Handfläche der anderen Hand

Die Faust, sie kreist umher
Und fängt zu klopfen an.
Der Ellenbogen kreist umher
und fängt zu flattern an.
Mit beiden Ellenbogen an die Seiten schlagen
Der Fuß, der kreist umher
und fängt zu stampfen an.
Der Kopf, der kreist umher
und fängt zu nicken an.
Der Daumen kreist umher …
Nachdem Sie das Spiel einmal vorgemacht haben, können es alle Kinder nachspielen, solange sie Lust dazu haben.

Ei, wie langsam – ei, wie langsam
kommt die Schneck von ihrem Fleck!
Zeige- und Ringfinger strecken sich als Fühler nach oben, die anderen drei sind nach vorn gestreckt
Sieben Tage lang braucht sie
von einem Eck ins andre Eck!
In Zeitlupe über den Bauch kriechen
Ei, wie langsam – ei, wie langsam
kommt die Schneck im Gras daher!
Na, da würd ich anders laufen,
wenn ich so ein Schnecklein wär!
Die Finger der anderen Hand schnell trippeln lassen
In unserm Garten kriecht die Schnecke
und kommt ganz langsam nur vom Flecke.
Sie hat die Fühler ausgestreckt –
o weh, jetzt hat sie mich entdeckt!
Sie zieht vor Schreck die Fühler ein
und kriecht ins Schneckenhaus hinein.
Zeige- und Mittelfinger zurückziehen und alle Finger langsam als Faust formen.

Die kleine Raupe Nimmersatt
frisst wochentags nur Blattsalat:
am Montag gibt es Ahornblätter,
am Dienstag schmeckt die Birke netter,
am Mittwoch ist die Zeder gut,
am Donnerstag 's die Dahlie tut,
am Freitag schmatzt sie Eisenhut.
Am Wochenend sie sich besinnt
und nun was Feines zu sich nimmt:
Anstatt der Grünsalate
speist sonntags sie – Tomate!
Raimund Pousset

Bei diesem lustigen Reimspiel, das Sie ganz leicht für die Geschwisterchen abwandeln können, kriecht und windet sich Ihr ausgestreckter Zeigefinger als Raupe über Ihren Bauch und «knabbert» ihn zärtlich an.

Erst kommt der Sonnenkäferpapa,
dann kommt die Sonnenkäfermama.
Und hintendrein, ganz klitzeklein,
die Sonnenkäferkinderlein.
(überliefert)

Die Hände stellen die Eltern dar und die Fingerspitzen die Kinderlein. Die Sonnenkäferfamilie eignet sich übrigens prima dazu, die ganze Familie bei dieser Käferwanderung mit einzubeziehen.

Kleiner Finger: Ich leg mich hin, / nach Schlafen steht mir der Sinn.

Ringfinger: Die Idee ist nett, / ich geh auch mit ins Bett.

Mittelfinger: Auch ich muss gähnen, / dass mir die Augen tränen.

Daumen und Zeigefinger: Zu nichts mehr imstande, / die müde Bande! / Wir bleiben nicht zu Haus, / wir gehn noch aus. / In dieser Nacht / wird Unsinn gemacht.

Bewegen Sie bei diesem Reim die ersten drei Finger sanft auf Ihrem Bauch, anschließend legen sie sich hin. Daumen und Zeigefinger dagegen trippeln hin und her und kitzeln zum Schluss die Hand des Kindes.

Anhang

Literatur

In den Büchern mit Sternchen finden Sie noch mehr Anregungen für den zärtlichen Umgang mit dem Ungeborenen und mit dem Baby.

Ines Albrecht-Engel: Geburtsvorbereitung, Reinbek 1997[4], rororo 19392

* Heike v. Braak: So macht Babys Wasser Spaß, Reinbek 2001, rororo 60968

* Barbara Cratzius: Noch mehr Fingerspiele, Reinbek 2000[8], rororo 18574

* Wolfgang Hering: Bewegungslieder für Kinder, Reinbek 2001[5], rororo 19681
  CD zum Buch unter dem Titel: Klitzekleine Riesen (produziert von Wolfgang Hering und Bernd Meyerholz), ab 2 Jahren.

* Hartmut Höfele, Margarita Klein: Sanfte Klänge für Eltern und Babys. Buch + CD, Ökotopia, Münster 2000

* Margarita Klein: Schmetterling und Katzenpfoten. Sanfte Massagen, Ökotopia, Münster 2001[3]

* Anne-Bärbel Münchmeier: Spielen mit kleinen Kindern und Babys, Rowohlt, Reinbek 1994[12], rororo 17900

* Raimund Pousset: Fingerspiele und andere Kinkerklitzchen, Rowohlt, Reinbek 2000[15], rororo 60641

Bettina Salis, Claudia Muir: Was stillende Mütter essen sollen, Rowohlt, Reinbek 2001[3], rororo 60321

Horst Speichert, Erhard Dietl: Mama, Papa, höret die Signale, Rowohlt, Reinbek 1983

Alfred Tomatis: Klangwelt Mutterleib, dtv, München 1999

Thomas Verny: Das Seelenleben des Ungeborenen, Rogner & Bernhard, München 1999

Vivian Weigert: Bekommen wir ein gesundes Kind?, Rowohlt, Reinbek 2001, rororo 60962

Adresse

Arbeitsgemeinschaft Gestose-Frauen e. V.
Geldener Str. 45, 47661 Issum
Tel.: 0 28 35 / 26 28; www.arcos.de / gestose

die Deutsche Liga für das Kind

Kinder haben eine Lobby

Partner von *rororo Mit Kindern leben*

Die Deutsche Liga für das Kind ist ein Zusammenschluß der wichtigsten Verbände, die sich für die Belange der Kinder in den ersten Lebensjahren einsetzen.

Die Liga verfaßt Stellungnahmen zu Gesetzentwürfen, organisiert Fachtagungen, initiiert Projekte, ist Herausgeber der Zeitschrift *frühe Kindheit* und bietet Eltern und Fachleuten ihre Service-Leistungen an.

Für einen guten Start ins Leben
Die Info-Pakete der Deutschen Liga für das Kind

Paket 1 (12,- DM incl. Versandkosten)

- Informationen über Mutterschutz und staatliche Leistungen für Eltern
- Entwicklungskalender erstes Lebensjahr
- Faltblatt mit Informationen zum Stillen
- Adressenliste von Einrichtungen „Rund um die Geburt und das 1. Lebensjahr"
- Informationen über die Deutsche Liga für das Kind
- Gesamtverzeichnis der Reihe *Mit Kindern leben*

Paket 2 (18,- DM incl. Versandkosten)
Inhalt wie Paket 1, zusätzlich:
- 12 Elternbriefe zum 1. Lebensjahr, hrsg. vom Arbeitskreis Neue Erziehung
- Probeexemplar der Zeitschrift *frühe Kindheit*

Sie können Ihre Bestellung telefonisch oder per Fax aufgeben oder diese Seite an folgende Adresse schicken:

DEUTSCHE LIGA FÜR DAS KIND in Familie und Gesellschaft e.V.
Chausseestr. 17, 10115 Berlin
Tel.: 030 - 28 59 99 70   e-mail: Liga-Kind@liga-kind.de
Fax: 030 - 28 59 99 71   Internet: www.liga-kind.de
Commerzbank Berlin, Konto 266 2385, BLZ 100 400 00

Kinder brauchen eine Lobby

In der Deutschen Liga für das Kind arbeiten Fachleute aus den Bereichen Gesundheit, Erziehung, Sozialwissenschaften und Recht zusammen und ermöglichen einen intensiven Kontakt zu Wissenschaft, Praxis und Politik. Dabei stehen folgende Aufgabenbereiche im Mittelpunkt:

Kinder brauchen starke Eltern
Die Elternverantwortung zu stärken, bedeutet nicht nur, öffentlich auf die unverzichtbare Rolle der Eltern hinzuweisen, sondern auch, Eltern selbst Aufklärung und Unterstützung anzubieten.

Kinder brauchen Schutz
Kinder haben ein Recht auf die Förderung ihrer natürlichen Begabungen. Das gilt nicht nur für den rechtlichen Schutz, sondern auch für familienergänzende, wenn nötig familienersetzende Angebote für Kinder.

Kinder brauchen Beteiligung
Schon von Geburt an muß die eigenständige Persönlichkeit des Kindes sowohl im rechtlichen, als auch im psychologischen Sinne Anerkennung finden. Hierzu gehört auch, die Interessen von Kindern und Familien im politischen Raum zu stärken.

Kinder brauchen materielle Gerechtigkeit
Die Entscheidung für ein Kind gehört heute zu den größten Armutsrisiken. Der Beitrag, den die Erziehung von Kindern in der gesellschaftlichen Gesamtrechnung leistet, wird in unserem Steuer- und Rentensystem in einer nicht länger hinzunehmenden Weise unterbewertet. Eine Korrektur dieses Mißstandes ist überfällig.

Kinder brauchen bessere Lebensbedingungen
Beim Wohnungsbau, der Stadt- und Regionalplanung und in allen anderen Feldern, die zur Lebensqualität von Familien beitragen, müsen Bedingungen geschaffen werden, die ein Leben mit Kindern erstrebenswert machen. Dies gilt auch für die Arbeitsplatz- und Arbeitszeitgestaltung der Eltern.